土地财政
对区域协调发展能力的影响机制研究

钟文　郑明贵◎著

中国财经出版传媒集团
经济科学出版社
Economic Science Press

图书在版编目（CIP）数据

土地财政对区域协调发展能力的影响机制研究／钟文，郑明贵著. —北京：经济科学出版社，2022.6

ISBN 978 - 7 - 5218 - 3783 - 4

Ⅰ.①土… Ⅱ.①钟… ②郑… Ⅲ.①土地制度 - 财政制度 - 影响 - 区域经济发展 - 研究 - 中国 Ⅳ.①F127

中国版本图书馆 CIP 数据核字（2022）第 108282 号

责任编辑：杨　洋　赵　岩
责任校对：齐　杰
责任印制：王世伟

土地财政对区域协调发展能力的影响机制研究

钟　文　郑明贵　著

经济科学出版社出版、发行　新华书店经销

社址：北京市海淀区阜成路甲 28 号　邮编：100142

总编部电话：010 - 88191217　发行部电话：010 - 88191522

网址：www. esp. com. cn

电子邮箱：esp@ esp. com. cn

天猫网店：经济科学出版社旗舰店

网址：http：//jjkxcbs. tmall. com

北京季蜂印刷有限公司印装

710 × 1000　16 开　12.75 印张　220000 字

2022 年 6 月第 1 版　2022 年 6 月第 1 次印刷

ISBN 978 - 7 - 5218 - 3783 - 4　定价：52.00 元

（图书出现印装问题，本社负责调换。电话：010 - 88191510）

（版权所有　侵权必究　打击盗版　举报热线：010 - 88191661

QQ：2242791300　营销中心电话：010 - 88191537

电子邮箱：dbts@ esp. com. cn）

目录
Contents

第 *1* 章   绪　论

Chapter 1

改革开放 40 多年来，中国经济迅猛发展，被誉为"中国发展奇迹"，与此同时，区域发展差距持续扩大，区域协调发展问题引起广泛关注。学术界普遍认为国家制度变革、区域政策及科学技术等因素是经济发展的主要动力，但往往忽视了中国特色土地制度的重要作用。土地自古以来便是中国经济社会发展的物质基础，与之相适应的中国特色土地制度成为中国经济发展奇迹的重要引擎，尤其是中国特色土地制度所酝酿的土地财政构成了区域发展的重要组成部分。土地财政促使土地成为中国地方政府巨大且不断增值的信用来源，为城市公共服务提供一次性的投资融资。在中国进入高质量发展背景下，中国特色土地制度对区域协调发展能力产生了怎样的影响？这是直接关系到国家治理能力现代化、全面建成小康社会、实现高质量发展的重大问题，需要学术界进行专题研究。具体而言，我们关心的是地方政府土地财政发展模式对区域协调发展能力产生了怎样的影响？因为相对于其他影响区域协调发展能力的因素而言，土地财政是区域协调发展能力的重要内容。

现有研究关注了土地财政发展模式的形成原因、影响效应及优化路径等内容，但缺乏土地财政与区域协调发展能力关系的系统性研究。因此，本书主要关注以下四个问题：一是土地财政发展模式下的地方政府行为逻辑是什么？二是土地财政对区域协调发展能力产生了怎样的影响？三是土地财政影响区域协调发展能力的作用机制是什么？四是土地财政对区域协调发展能力的影响是否具有明显的区域异质性？在全面考察上述问题的基础上，从优化地方政府土地财政发展模式视角提出区域协调发展能力提升的相关政策体系。

1.1　研究背景及意义

党的十九大报告《决胜全面建成小康社会夺取新时代中国特色社会主义伟大胜利》开创性地提出"中国特色社会主义进入了新时代"，新时代我国社会主要矛盾发生了深刻变化，即转变为人民日益增长的美好生活需要和不平衡不充分的发展之间的矛盾[①]，因此，强调实施"乡村振兴战略与区域协调发展战略"，建立健全城乡融合发展的体制机制和政策体系，目的在于缓解城乡发展差距大、农村发展落后等问题，保持全面建成小康社会的可持续性活力（刘彦随，2018；陈坤秋和龙花楼，2019）。在此背景下进行区域协调发展战略研究，应将问题实质集中于处理好各层面地区的公平与效率关系上来：我国经济逐渐转向新常态发展阶段，追求经济发展质量突破、经济发展方式创新及经济发展结构优化的攻关期，创新等先进要素的内生活力增大和空间集聚加快将使区域差距面临扩大压力，而如期实现全面建成小康社会及共同富裕的宏伟目标是党给予人民的庄严承诺，因此在保证区域发展质量第一、效益优先的前提下更应重视统筹协调、平衡发展。

改革开放以来，我国经济发展保持着高速增长趋势，国内生产总值（GDP）以年均9%的增长态势创造了中国经济增长的奇迹（洪银兴，2014；李妍等，2015），甚至形象地形容中国改革开放40多年来的经济

---

① 引自决胜全面建成小康社会 夺取新时代中国特色社会主义伟大胜利——在中国共产党第十九次全国代表大会报告上的内容 [EB/OL]. 新华网，2017 - 10 - 27.

增长横跨了美国 200 年的发展历史，给其他发展中国家树立了良好的榜样，但发展模式无法复制，其原因主要在于中国特色土地制度：一方面，土地公有制下的征收制度和土地一级市场为地方政府财政空间拓展及区域经济发展提供了制度可能；另一方面，1994 年的分税制改革对区域发展产生了极大的改革外部性。具体来看，分税制改革加剧了地方政府财权与事权错配，引发了地方政府间的"标尺竞争"，致使地方政府的经济社会发展对土地收益的依赖程度呈现递进式增长，并演化成土地财政或第二财政，这既提高了区域经济发展积极性，也导致了区域发展差距扩大等系列问题。

土地是区域协调发展的重要因素与空间载体，在区域协调发展的已有文献中可以发现，土地资源与区域协调发展密切相关，土地资源的优化配置成为影响区域协调发展能力的重要因素，如主体功能区建设通过提高资源环境承载能力、促进产业政策与区域政策的密切结合、缩小区域间差距等途径保障区域协调发展（邓玲和杜黎明，2006；樊杰，2007；张杏梅，2008；胡少维，2013），土地整治实现区域土地资源的重组分配（谢锦园等，2015；刘桂华，2018），差别化土地政策体系助推区域协调发展（杨刚强等，2012；陆思璇，2018）等。但也存在土地资源错配影响区域协调发展的问题，尤其以地方政府主导的土地财政影响最深，地方政府所获取的土地收益可以极大地弥补财政缺口，但土地财政引发的财政支出偏向影响了区域协调发展能力的提升，阻碍了区域协调发展进程（刘守英和蒋省三，2005；陈国富和卿志琼，2009；陈志勇和陈莉莉，2009；齐讴歌和白永秀，2016；唐将伟和熊建华，2018）。土地资源本身兼备资源、资产的独特属性，土地市场则是推动区域要素自由流动、平等交换的重要渠道（龙花楼和屠爽爽，2018；龙花楼，2018）。现行土地制度下的中国土地市场逐渐形成了地方政府财政预算内收入靠经营城市而来的税收收入，预算外收入靠土地出让金的财政现实（刘守英和蒋省三，2005；蒋省三等，2007；付敏杰等，2017），学术界对于土地财政的影响效应研究存在褒贬不一的结论，既有对土地财政正向效应的认同，也有对其负向效应的批判①。土地财政会刺激城市扩张，导致耕地被占用，也会扭曲城镇化进程，导致土地城镇化远远快于人口城镇化，以及会在征地过程中损害农民利益，造成社会不安等（杜雪君、黄忠华，2009；崔军、杨琪，2014；杨华，2015）；但学者对土地财政推进城市化进程及促进经济增长的贡献已达成普遍共识，对城市化原始资本积累具有不可磨灭的作用。同时，土地融资拓展了地方政府的财政空间，并通过产业结构调整促进区域经济发展（余丽生，2011；黄爱东，2011；吕炜和许宏伟，2012；刘玉萍等，2012；晁恒等，2014；葛扬和钱晨，2014；夏方舟等，2014）。

已有研究表明，大部分省份的土地财政依赖度达到50%以上，最高的可达到60%以上，即使土地财政依赖度最低的省份也可以达到20%左右（唐将伟和熊建华，2018），虽然国内外大部分经验研究显示，土地收益财政短期内有利于促进区域经济增长和提升社会福利，但由于政府投资偏好差异而城乡有别（Brueckner，1986；Gyourko，1991；Reback，2005；Ottaviano & Peri，2006；Hilber & Mayer，2009；卢洪友等，2011；李鹏，2013；左翔和殷醒民，2013）。经济增长迅猛与土地财政依赖程度日益提高的同时，区域发展差距持续扩大、地区收入差距不断恶化和经济空间非均衡分布等一系列问题也随之出现（蔡昉和都阳，2001；陈秀山和徐瑛，2004；周密等，2012；李子叶等，2016；罗楚亮，2017；范建双等，2018；

---

① 文雁兵（2015）的文章中指出，"土地财政"在扩张原因和影响结果上均被误解了，除了分税制改革，产业结构、城市化和人口规模等也是"土地财政"扩张偏向的重要因素，且"土地财政"具有建设性或破坏性取决于其支出与产出的关系，就社会经济发展和整体福利水平提升来看，"土地财政"总体上具有促进作用，对于"后土地财政"发展，应该从"卖地赚钱"弥补财政缺口转变到"以地生财"可持续发展、从"资本积累"向"信用融资"转变、从"土地出让"向"土地基金"转变。唐将伟和熊建华（2018）的文章"从土地财政的视角，通过建立'经济主导者——土地经营者和利益分配者——利益分配路径依赖'的分析框架，从个体家庭财富分配不平衡、城乡发展不平衡和区域发展不平衡三个维度探讨。研究认为土地财政在其形成并得以维持这种依赖关系的利益分配机制中，通过房地产经济依赖、高房价和以土地为核心的利益不平衡分配对我国经济社会发展不平衡产生影响。"两位学者对待"土地财政"的作用存在截然不同的看法，其实，笔者认为对待"土地财政"应该抱有理性态度，重点关注地方政府对"土地财政"的支出方向及可能产生的影响，假如地方政府主动寻求公共服务改善，并提高了民生福祉，则需要合理引导"土地财政"的可持续发展，否则需要改革"土地财政"的弊端。

李卫华，2019），区域协调发展受到巨大冲击。

土地作为最重要的经济资源，其利益配置差异无疑是影响区域协调发展的重要因素。因此，在社会主要矛盾发生转变的背景下，以及在乡村振兴战略与城乡融合政策隐含了"坚持农业农村优先发展"的基本前提下（何仁伟，2018），探究土地财政对区域协调发展能力的影响效应及机制，进而得出推进财税体制改革和区域协调发展进程的相关政策建议，具有极强的理论与现实意义。

1.1.1　理论意义

1. 拓宽了区域协调发展研究视野

现有研究主要围绕区域协调发展"是什么、为什么、怎么样"来阐述，本书研究视角是在"怎么样"基础上进一步延伸与细化。具体而言，一方面，从能力提升角度出发，寻求有助于提高区域协调发展能力的驱动因素，最终选取了对国民经济社会产生深远影响的土地财政作为切入点，因为它是地方政府当下高度依赖的产物，并且还未寻找到合适的替代物；另一方面，对于土地财政与区域协调发展能力的研究，着重围绕区域协调发展目标，探寻土地财政对区域协调发展能力提升的有效路径，对于土地财政的积极作用继续借鉴，消极作用则是规避调整，从而进一步形成更为科学的区域协调发展路径和保障框架，以期为国家完善土地财政经营策略，解决区域发展不平衡问题提供有益借鉴。

2. 丰富了土地财政研究内容

土地制度变革是中国经济发展进程的重要组成部分，对经济社会发展影响不可忽视。自 2010 年以来，对于土地财政的研究方兴未艾，但研究主题主要集中于土地财政形成的原因，以及其对经济发展的影响。本书从地方政府行为视角出发，系统构建土地财政对区域协调发展能力影响的研究框架，有别于当前文献主要关注土地财政存废问题，本书探讨土地财政是否有助于实现基本公共服务均等化、基础设施通达程度比较均衡和人民生活水平大体相当的区域协调发展目标，丰富了土地财政在新时代背景下的研究内容有利于弥补当前土地财政研究领域对区域协调发展能力研究不足的缺陷。

3. 为客观评价土地财政的历史功过提供有益启示

本书探讨土地财政与区域协调发展能力关系，为客观评价土地财政的历史功过提供有益启示。学术界对于土地财政的评价主要以批判、取缔为主，认为土地财政会刺激城市扩张，导致耕地被占用，也会扭曲城镇化进程，导致土地城镇化远远快于人口城镇化，以及会在征地过程中损害农民利益，造成社会不安等，需要尽快取缔土地财政发展模式，在一定程度上看是值得商榷的。本书以财政分权为制度背景，融合财政学、区域经济学、政治经济学、管理学和社会学等学科基础理论，基于地方政府行为视角，尝试就土地财政对区域协调发展能力的影响效应及作用机制进行实证研究，研究发现土地财政与区域协调发展能力呈现非线性关系，且存在区域差异特性，客观说明土地财政并非一无是处，在区域发展的特定时期发挥过一定作用，但未来其是否可持续发展是值得商榷的。在中国这样一个区域差异明显的大国环境下，区域协调发展能力状况无疑是衡量一项政策主要的客观指标之一，精准测算土地财政对区域协调发展能力的影响，为我们客观评价土地财政的经济社会效应打开了一扇难能可贵的窗口，从而尽量避免土地财政对区域协调发展能力提升的负面影响。

1.1.2　实践意义

妥善处理各层级区域内部及区域间的分化是新时代区域协调发展战略体系建立的根本目的，而采取什么样的方式和策略实现经济社会系统有效协调，是当前区域战略重构的一个重大课题。土地财政的发展模式虽然在分税制改革过程中起到了制度运行的稳定器作用，但逐步与新时代要求的供给侧结构性改革和经济结构调整不相适应，建立现代财税体制的改革呼声连续在党的十八大和十九大着重提出，因此，直面土地财政的缺陷，将有助于政府决策部门吸收党中央提出的现代财税体制改革精髓，进一步优化财政收支政策，为新时代高质量发展提供政策保障。具体来看，实践意义如下。

1. 有助于完善国家治理体系

基于土地财政产生原因，本书研究有助于完善国家治理体系。土地财政发展模式下的地方政府行为引发的诸多弊端，成为我国经济社会可持续发展的隐患。"以地生财"助推了房地产市场的扭曲发展，引发社会财富分配不均与居民收入差距持续扩大的问题；"以地引资"促使地方政府间展开激烈的短视竞争，导致重复建设、资源浪费和市场分割等问题。进一步的原因剖析发现这与国家政绩考核密切相关，因此，本书的政策启示之一是妥善改革政绩考核体系，完善国家治理体系。

2. 为实现新时代下的区域协调高质量发展提供新动力

党的十九大对社会主要矛盾做了新的判断，明确人民日益增长的美好生活需要与发展不平衡、不充分是社会主要矛盾。土地财政作为土地制度、财税体制与政府政绩考核等因素的衍生物，在区域协调发展能力的影响因素中属于重要的制度性因素，究竟会对经济活动空间布局产生怎样的影响？尤其是对区域协调发展能力产生怎样的影响？准确回答这些问题，是制定更加精准的区域协调发展新机制、实现区域协调高质量发展面临的重要课题。

3. 为财税体制深化改革提供理论依据与数据支撑

国家财政是宏观调控的重要手段，也是区域发展布局的主要方式，在一定历史时期，土地财政在促进经济发展、缓解地方政府财政缺口与推进城镇化进程中发挥了重要作用。而在经济发展动能转换与结构调整的双重要求下，土地财政运行艰难，土地财政收入递减，进入了"后土地财政时代"（王玉波，2013），此外，国家财税体制改革持续推进，逐步进入改革深水区，因此，科学评估土地财政对区域协调发展能力的影响，既是客观评价现有财税体系的需要，又是健全财权与事权相匹配的财税体制、构建可持续发展的地方财税体系的必要举措。

4. 为完善地方绩效考评提供重要参考

如何将新时代赋予的兼顾公平与效率的创新理念应用于我国区域发展实际，关键在于以公平和效率的政策再分配对传统路径造成的各层次矛盾进行纠偏，同时营造风险规避性制度环境，在此过程中必将对我国经济结构与社会结构产生较大变革，在此背景下需要关注两方面问题：一是高效的区域发展战略必定以激发市场活力和增强区域竞争力为目标，因此需要以有效的战略体系刺激政府、市场和地方三者形成统一目标，而不是以管理者角度对物质和政策资源进行简单的空间调配；二是如何以制度约束将统筹政策落到实处，市场力量和分权制度赋予了地方更多自主权限，过多依赖于效率政策会导致区域资源分配的不平衡，最终导致公平缺失，因此需要从法制建设、体制建设和机制建设三方面缩小区域差距，特别是以制度约束形成以帮扶、合作和互助机制为代表区域收益再分配，这需要构建一套完备的制度框架对各行为主体进行引导和约束。当前的地方政府绩效考核中，虽然"唯 GDP"的考核风向标有所松动，但涉及社会公平的考核指标仍然不足，因此，在政绩考核指挥棒下，地方政府有发展土地财政的积极性，但对土地财政引发的经济社会问题却关注较少。本书基于对此制度存在的缺陷考量，呼吁学术界与政府界关注土地财政对区域协调发展能力的影响效应，重视区域协调发展能力提升，促进区域协调高质量发展，进一步将区域协调发展能力纳入地方政府政绩考核指标体系中。

1.2　土地和土地财政在中国的特殊意义

纵观中国五千年的发展历史进程，可以清晰地发现协调区际关系的思想始终贯穿于历史长河中，并成为一道独特的区域历史发展脉络。经济体大国具有独特的特性，如丰富的资源优势与广阔的国内市场，这些特性铸就了其经济发展轨迹的独特性。相对于经济体量小国，大国可以迅速组织力量办大事，可以从容应对较大的天灾人祸，也可以在疆域范围内实现产业的规模经济，等等。但是，经济体量大国也具有自身的缺陷，由于区位条件、地理条件、资源禀赋、历史发展水平的差异，以及具有的地域辽阔、人口地域分布非均衡的特征，自然而然形成区域经济发展的地域差异，各个区域之间的发展水平与速度具有不同的状况。因此，区域之间如何协调发展成为发展过程中迫切需要解决的现实问题。

我们在总结改革开放 40 多年在中国这片热土上发生的翻天覆地、举世瞩目的巨大变化时，值得写的也最值得描绘的还是经济这幅画卷。40 多年，中国在人多地少、人均资源贫乏、交通基础落后、经济基础薄弱的条件下艰苦创业、大胆创新，创造了辉煌业绩，外贸跃居全球第一，经济总量上升到第二。中国的经济成就引起了国内外许多专家学者的关注，被称为"中国之谜"。在求解"中国之谜"之时，大多从放权激活了各级地方政府，特别是所谓的地方政府考核机制和群众的致富活力。然而，在考查全国总体发展的同时，为什么同样的大环境，中国区域发展水平差距如此之大。正如党的十九大报告指出的，现阶段我国存在"发展不平衡不充分的一些突出问题尚未解决，发展质量和效益还不高，创新能力不够强……"，现有研究可以说从自然条件、资源禀赋、政策优惠和历史人文等各个方面进行了阐释。

然而，从知网的文献检索发现，鲜有文献从土地资源视角来解释区域协调发展能力的地区差异。

我们先从"土地财政"说起。1978 年，当我们站在改革开放的时点上，我国完全是典型的刘易斯"双缺口"型发展中国家，改革开放初期除了很少的"三来一补"，我国大多数地方真正较大规模吸引外资是用廉价土地和优惠税收吸引来的。我们不禁要问，为什么可以征集到廉价的土地，这是因为计划经济所建立的城市土地国有化和农村土地集体化，为政府土地一级市场决定权创造条件。"土地财政"与市场机制同频共振，将这笔隐匿的财富，转化成为启动中国城市化的巨大资本，因此，产生了两大区域差距：城乡差距和省际差距。

不仅如此，土地还是中国地方政府巨大且不断增值的信用来源，这点很容易被忽视。传统中国社会关系，是典型的差序格局①，民间信用很大程度上局限于熟人社会，一般是小规模和短周期的。我国近代被西方列强打开国门后，不仅没有完成原始资本积累，反而成为列强积累原始资本的来源地。中华人民共和国重获完整的税收主权，但长期战争带来的经济萧条使我国不得不转向计划经济模式。不同于西方国家抵押税收发行市政债券的做法，中国土地收益的本质，就是通过出售土地未来使用权的增值（70 年），为城市公共服务的一次性投资融资。所以，土地资源配置权力国家所有，是地方政府获得发展资金和投资融资的信用基础。

土地财政不仅给地方政府带来巨大财富，同时也给企业和个人快速积累财富提供了通道。这就是我们要强调的区域经济差距，最后引致的是区域居民财富差距。我们可以这样假设，社会存在甲和乙两个家庭，甲在北京，乙在国内四线城市，在 1998 年②从单位分配到同样面积的房改住房，比如都是 70 平方米，到 2019 年，甲按照北京当年均价大约是每平方米 6 万元，我国四线城市每平方米不到 9000 元。甲乙两个家庭从最初假定相同财富发展成房产财富 5 倍差距的事实。这就导致了靠投资不动产在一代人之内完成数代人都不敢梦想的巨额财富积累的故事③。

区域协调发展战略是中国特色社会主义的重要组成部分。党的十八大将区域协调发展机制确立为全面建成小康社会的重要目标和加快转变发展方式的基本动力，从而把区域发展战略提升到了一个新的高度。党的十九大进一步明确要实施区域协调发展战略，并明确指出需要建立更加有效的区域协调发展新机制。而如何处理好政府与市场的关系，成为构建区域协调发展新机制的关键之一。

---

① 费孝通先生在《乡土中国》一书中提出了"差序格局"这一极为重要的概念，以说明中国传统社会中社会关系的特点。费先生以他的风格形象地解释了"差序格局"这样一种社会关系类型的特点。

② 我国于 1998 年建立与社会主义市场相适应的新的城镇住房制度经济系统，实现住房商品化和社会化。

③ 拥有不动产的居民，即使不努力，财富也会自动增加；而没有拥有不动产的居民，即使拼命工作，拥有不动产的机会也会越来越渺茫。房价上涨越快，贫富差距越大。房地产如同股票，会自动分配社会增量财富。

区域协调发展作为一种国家战略，具备全局性和引导性，政府要根据区域定位科学合理地配置各种公共资源。而市场经济是通过市场配置资源的经济形式，其能够实现资源的最优化配置。而在土地利用规划中对土地利用类型及布局则是国家战略意图，此时，单纯依靠市场是无法实现的。经济发达地区与欠发达地区比较，可以通过市场经济的利益诱导实现资源的大量流入，形成区域之间的发展差距。但在推进区域协调发展的过程中，各级政府存在信息不对称和信息成本过高，需要以市场经济为基础，遵循市场竞争法则。因为市场力量才是经济增长的原动力。因此，政府需要兼顾政府与市场对区域协调发展的作用，而在现实中，两者兼顾的难度较大。

实施区域协调发展战略具有重要的意义：

一是落实全面小康和构建社会主义和谐社会的需要。社会和谐的标准之一是不同利益群体的合理需求能够得到满足，实施区域协调发展战略可以不断缩小区域之间的发展差距，提高各地区人民的社会福利水平和缩小基本公共服务的差异，最终实现可持续发展。

二是解决民生问题的关键途径。解决好民生问题是构建和谐社会的前提与基础。民生问题不仅关系到居民的个人利益，也是国家发展进步的标志。实施区域协调发展战略，可以实现整个社会的协调发展，进而带动欠发达区域的快速发展，并切实提高人们的生活水平。

三是推动区域合作的重要推动力量。区域协调发展是区域合作深入发展的重要推动力，实施区域协调发展战略能够促进生产要素的合理流动以实现资源的优化组合，而且可以解决合作过程中出现的矛盾纠纷，进一步推进区域行为主体之间的联系合作。

四是加快欠发达地区的发展，特别是边疆贫困地区的发展，实现区域间发展再平衡。党的十九大报告明确提出实施区域协调发展战略需要加大力度支持革命老区、民族地区、边疆地区、贫困地区加快发展。

区域协调发展不仅仅是以片面追求欠发达地区的经济增长，也不应该是一味以缩小区域间经济发展差距为目标，而应该是以习近平总书记提出的区域协调发展三大目标为宗旨，即要实现基本公共服务均等化，基础设施通达程度比较均衡，人民生活水平大体相当。区域经济关系协调的目标是以市场经济为导向，实现全方位的区域协调，形成区及合作共赢的局面。这就需要政府与市场两手抓的努力，政府要为区域协调发展战略实施提供良好的环境，同时也需要发挥市场在资源配置的基础性作用。

区域协调发展的实施包含多维目标，包括实现基本公共服务均等化，基础设施通达程度比较均衡，人民生活水平大体相当等。这些目标之间存在着相互依存的关系，而作为影响区域协调发展的重要因素，地方政府要对协调发展目标的实现采取循序渐进的政策，而不是人为过多干预，因此迫切需要地方政府向服务型政府转变。

为顺利实现我国区域协调发展的多维目标，需要同时发挥政府与市场的作用。政府与市场是实施区域协调发展战略的两个抓手。在区域协调发展实施过程中，由于市场存在失灵，需要政府的必要干预，但政府过多的干预又会损失市场的效率，只有政府与市场相互促进才能形成区域协调发展利好局面。

1.3   国内外土地财政研究综述

1.3.1   国外土地财政相关文献梳理

早在古希腊时代，就已出现对政府土地收入的探讨，《雅典的收入》提到土壤及附属增加收入有可能是增加政府收入的重要源头（色诺芬，1961）；17 世纪末，地租理论孕育而生，主要体现在杜尔阁（1978）及大卫·李嘉图（2005）等的研究中，他们阐述了地租的本质、地租与土地所有权的联系，以及级差地租等内容；直到 19 世纪，土地税收理论得到长足发展，主要以亨利·乔治（Henry George）为代表人物，在其《进步与贫困》中提出土地税收归公是促进经济繁荣的基本元素，有利于提高土地生产经营效率；20 世纪主要针对财产税归宿出现两种分歧观点——收益论和新论，收益论最早由汉密尔顿（Hamilton，1975）提出，并由汉密尔顿（1983）和费舍尔（Fischel，2001）共同推向深层次发展，该观点主要内容是：房屋业主不仅是政府财政支出的主要受益人，也是政府财政支出的主要承担者，所以这些业主希望政府财政支出方案最优化。而新论由米耶史考斯基（Mieszkowski，1972）最先提出，后经米耶史考斯基（1997）和威尔逊（Wilson，1986）不断深化，形成财产税的新论，该观点主要内容是：财产税是一种扭曲地方资本存量的税种，会导致资本的无效配置。

随着国外土地税收研究的不断演进，学术界逐步转向土地价值获取研究。土地价值获取研究主要集中在土地价值获取制度研究、土地价值获取应用研究及土地价值获取效应研究等方面。在土地价值获取制度研究方面，一方面基于税、费的土地价值获取探讨，如财产税、土地价值税等，另一方面是基于土地开发的土地价值获取研究，如土地出让、土地租赁等。许志文和何思文对中国香港地区和新加坡进行了土地价值获取比较分析，具体用到的比较指标包含了财产税、土地价值税和土地出让收入等。在土地价值获取应用研究方面，主要有基于财产税的土地获取（George R. Parsonsa & Jo. elleNoailly，2004），基于土地价值税的土地获取（Thomas A. Gihring，2001），土地出让获取土地价值（Lin Ye，2014），以及土地融资获取土地价值（Rachel Weber et al.，2003；Man & Joyce，2001）等，同时，土地价值获取为公共基础设施融资研究也相对较丰富（Matthew Doherty，2004；Peterson，2009；Michael Iacono，2009；Francesca et al.，2011；Francesca Medda，2011；Salon D. & Shewmake S.，2012；Jeffery J. Smith & Thomas A. Gihring，2013），这些研究为土地财政对区域协调发展能力的影响研究提供了良好的理论基础与潜在的延伸方向。在土地价值获取效应研究方面，对于土地价值获取的效应褒贬不一，有赞成土地税收的，如哈里斯（Harriss，1973）认为土地税收可以提高政府对公共产品的供应能力，也有对土地税收进行指责的，如土地税收加剧了城市扩张，使社会福利损失以及增加房地产泡沫风险等（Ralph，2013），以及郑赫兰等（2014）研究中国土地出让对失地农民的影响，会造成社会不稳定。

1.3.2 国内土地财政相关文献梳理

土地财政是我国财政分权政策影响下的特定产物，也是我国宏观经济发展中的重要组成部分，对国民经济的各个领域产生了深刻影响，从支出结构来看，其在保障和推动基础设施投资、经济建设和社会事业发展方面发挥了重要作用（唐在富，2012；刘凯，2018；朱侃等，2018；黄思明，2019）。国内学者对于土地财政的研究主要涉及土地财政的规模估算、原因分析、影响探析以及优化路径设计等方面。

1. 土地财政规模估算

土地财政与地方政府密切相关，主要指地方政府对辖区内的土地资源进行配置利用，形成财政收支活动，并且地方政府对其具有高度依赖特性，其主要来源于土地使用权出让所获得的土地出让金收入（牟燕和钱忠好，2015；王玉波，2016）。土地财政规模估算研究没有形成相对统一的思路，纵观国内文献，土地财政规模估算主要存在小、中、大三种口径。李尚蒲和罗必良（2010）将与土地相关的税收收入划入小口径土地财政收入，中口径则是在小口径基础上加入土地非税收收入（主要是指国有土地地租性收入），而大口径土地财政收入包含了中口径和小口径，并且增加了土地抵押收入与其他收入，内容较丰富；牟燕和钱忠好（2015）将土地出让金划入小口径范畴，因为土地出让金能够最直观反映土地财政，且数据易于获得，而中口径则在土地出让金的基础上，加入了与土地相关的税收收入，主要包含耕地占用税、城镇土地使用税、土地增值税、契税、房产税等税种，最后在小口径与中口径基础上，加入土地隐形收入构成土地财政的大口径估算组成内容，其中土地隐形收入主要是指土地融资收入。而有别于土地财政小、中、大口径划分标准，陈英楠（2017）在总结分析已有土地财政估算研究的基础上，将土地财政划分为土地有偿使用收入、土地税收收入以及土地费用收入三个部分，该划分标准符合国内现行的土地租税费制度，具有很强的现实可操作性。

2. 土地财政原因分析

分税制财政体制被广泛认为是土地财政的直接驱动原因，其理论逻辑是分税制改革没有明晰财权与事权配置，形成财权不断缩小、事权不断扩大的矛盾局面，加剧了地方政府的财政压力，从而迫使地方政府谋取预算外的土地财政收入，并且依赖程度呈现急剧上升态势。孙建飞和袁奕（2014）指出为弥补财政缺口，地方政府普遍采用预算外的土地融资手段筹集资金支持基础设施建设和提供基本公共服务；郭贯成和汪勋杰（2014）认为财政分权会使得财政赤字扩大化，驱使地方政府不得不高度依赖预算外的土地性收入来增加财政收入，并用省级面板数据检验了财政分权、地方财政赤字对土地财政的促使作用。事实上，晋升激励假说也成为解释土地财政原因的重要分支，张莉等（2011）在理论上论述了在已有政治与财政体制下，财政激励与晋升激励同时存在，成为土地财政形成的重要原因，并采用省级面板数据证实了地方政府官员热衷土地出让是源于晋升激励，而不是单纯地为弥补财政缺口。也有文献（胡小杰，2014；陈多长和李小敏，2014）从土地制度角度阐释土地财政存在的原因，一致认为土地产权及征收补偿流转制度为地方政府获取土地出让收入提供了有力的法理支撑，并且在现行土地制度下，土地财政不可能消失，只会加剧对土地财政的依赖程度。

3. 土地财政的影响探析

对于土地财政的影响效应研究存在褒贬不一的两种观点，既有对土地财政积极影响的认同，也有对其产生消极影响的抨击。土地财政会刺激城市扩张，导致耕地被占用，也会扭曲城镇化进程，导致土地城镇化远远快于人口城镇化，以及会在征地过程中损害农民利益，造成社会不安等（杜雪君和黄忠华，2009；崔军和杨琪，2014；杨华，2015）；但学者对土地财政推进城市化进程及促进经济增长的贡献已达成普遍共识，一致认为土地资本化是城市化发展的助推器，对城市化原始资本积累具有不可磨灭的作用，同时，土地融资拓展了地方政府的财政空间，并通过产业结构调整来促进区域经济发展（余丽生，2011；黄爱东，2011；吕炜和许宏伟，

2012；刘玉萍等，2012；晁恒等，2014；葛扬和钱晨，2014；夏方舟等，2014）。

4. 土地财政的优化路径设计

在中国现代化后续进程中，还要继续在某种程度上发挥土地财政的历史作用，所以对于土地财政进行全盘否定有失偏颇，明智有效的做法是对土地财政进行优化设计，扭转其负面影响，提升其正面效应（刘志彪，2010；杜金华和陈治国，2019；朱巧玲和张明飞，2020）。贾康和刘微（2012）从地方政府依赖土地财政程度及引发的问题切入，提出优化土地出让收入的结构，并加强对土地出让收入的风险管理，进而保证土地财政可持续地为区域经济社会服务。薛翠翠等（2013）从土地财政与新型城镇化协调发展角度，提出中央政府应加大资金管理的统筹安排，积极推进财税制度与土地制度的改革，努力建立可持续、可控风险的财政制度，进一步达到逐步取代土地财政的目的。李春根等（2013）综合分析土地财政、征地补偿与农民权益三者联动关系，从补偿规模、补偿方式等角度提出优化土地财政的政策建议，缓解因土地财政引发的社会不安定因素。张益峰（2014）从缓解土地财政引发城市建设用地扩张问题出发，提出优化土地财政建议，即妥善处理地方政府的财政与事权分配问题、改革官员的晋升机制，以及对相关土地制度进行修正完善。

1.4 国内外区域协调发展能力研究综述

1.4.1 区域协调发展能力内涵研究

戴颂华（2000）从区域优势互补视角阐述了区域协调发展能力，认为区域协调发展能力体现在区域优势的发挥与区域差异的缩小。有学者进而从全球定位视域来把握区域协调发展能力的内容（李善同，2003；樊杰和王亚飞，2019），包括：（1）国家设定的总体发展目标的实现程度；（2）区域间福利水平的提高程度及差异缩小状态；（3）区域优势的整体发挥程度；（4）要素自由化流动状况，全国市场能否有效建立；（5）区域间的合作共赢水平；（6）可持续发展战略的落实及区域统筹发展的实现。也有学者认为，区域协调发展能力是经济发展进程中持久的追求，其目标具有适宜时代进步的动态特性（张首魁和赵宇，2020）。金相郁（2007）认为协调发展能力的协调应该有三层寓意：（1）区域资源的协调，即资源利用和资源获取条件的协调；（2）发展能力的协调，即区域发展差距能够适度地存在一定范围内；（3）资源利用与发展能力的协调，即可持续发展战略的延续。区域协调发展是一种契合市场经济发展的模式，需要实现区域内部与外部的共生发展，其能力体现在达成区域间的要素自由流动、资源配置有效等目标（孙海燕，2007；杜宇，2008；李兰冰，2020）。

众多文献使用了"区域经济协调发展"这一术语，但相当一部分并未对协调发展能力的内涵进行界定，有学者则对其做隐性处理（徐现祥和李郇，2005；范剑勇和谢强强，2010）。这种忽略的背后，主要是把"缩小区域差距"当成"协调发展"的同义词。由于协调发展更多地具有定性性质，目前尚未形成公认的、一致的界定。在1996年国家经济发展规划中对协调发展的表述为：一方面需要缩小区域发展差距，另一方面在于实现区域优势互补，促进区域整体的发展。在相关研究中，陆大道（1997）认为协调发展能力应包括：（1）区域间优势发挥的努力程度；（2）一体化的经济合作体制构建；（3）营造良好的政策环境及合适的价格体系构建；（4）区域间经济发展相对差距不应持续扩大。在已有研究的基础上，周绍杰等（2010）强调区域协调发展是经济要素的有效配置和经济发展与环境保护的和谐统一。

伴随经济社会发展进程的持续推进，区域协调发展能力对于环境因素的考虑越来越多，并逐渐形成了对区域协调发展最小化的环境污染代价追求。波尔丁（Boulding，1966）首次将系统理论与方法运用于区域发展分析中，提倡可持续的发展，进而替代粗放式的发展模式。莱莱和诺加德（Lélé & Norgaad，1996）从两要素拓展到多要素，并提出了协调发展理论，认为区域协调发展需要兼顾多目标的实现。在国内的研究中，吕淑萍

（1996）认为生态环境发展状况应该是区域协调发展需要着重考虑的因素，实现人与自然的和谐发展是区域协调发展的总体目标。刘思华（2005）认为经济发展过程不能忽视生态环境，李胜芬（2002）在研究环境系统与经济系统时，认为协调发展内涵包括了经济与环境的协调发展。当然，也有学者从社会层面出发，将环境因素与区域协调发展能力相联系（徐盈之和吴海明，2010；吕有金等，2019；王宾和于法稳，2019），运用 DEA 方法，并考虑环境约束因素，对各地区协调发展能力的综合效率进行了测度，及其影响因素展开了研究。

区域文化协调发展能力是当今我国经济社会发展面临的一项新课题，需要关注区域文化资源优化配置与区域文化服务区域经济发展的能力。20 世纪 90 年代末，不少学者对文化协调做了研究，主要涵盖文化协调的重要意义、文化协调对经济协调的作用等内容（侯景新，2003），并进一步阐述了文化协调是区域协调发展的重要内容之一，区域文化发展是区域经济发展的精神食粮。国内很多学者将区域文化协调发展能力与区域经济协调发展能力联系起来研究。区域文化是区域发展的积淀，对区域内人们的精神、意志力等具有重要的影响，也是深刻影响区域经济发展的内在条件，区域文化的优劣对区域经济发展具有抑制或促进作用，区域协调发展能力的提升离不开区域文化的交融（蔡静和杜建国，2009；唐之斌，2011；陈锋，2020）。所以，区域经济发展和区域文化建设的相互结合是实现区域协调发展的重要支撑点。文化发展可以作为解释东西部发展差距的重要影响因素，西部地区落后的市场化发展观念制约了发展潜力发挥，因此，要加强西部地区文化软实力建设，缩小东西部文化发展差距，促进全域协调发展（何频，2006；严立刚和曾小明，2020）。

中国地域广袤，区域差距巨大，表现为不仅区域经济发展差距大，区域社会发展差距同样巨大。从科教文卫事业发展及基础设施等社会发展指标看，发展差距大，所以我国整体的社会发展差距巨大是不争的事实。现有的研究主要围绕目标、现状和实现路径三方面展开。胡鞍钢（2007）、马慧强等（2020）从民生发展角度提出统筹区域协调发展就是要促进人的全面发展，才能实现共同富裕目标。陈耀（2018）聚焦区域协调发展目标，认为区域协调发展能力在于实现基本公共服务均等化，以及促使全民共享改革发展成果。王胜今等（2018）认为提升区域社会协调发展能力需要提升基本公共服务均等化能力，提升欠发达地区的发展动力，提高边疆地区、民族地区及贫困地区的自我发展能力，进一步提升人民生活水平的自主创造能力。

1.4.2　关于区域协调发展能力提升的政策研究

陈栋生（1991）较早对 20 世纪 90 年代中国区域经济政策进行了梳理和评价，将区域经济政策划分为普适性政策与特殊性政策的综合体，此类政策会缩短新兴工业化地区与中西部地区之间的差距，这关系到国家政治安定和民族团结（谷书堂和唐杰，1994）。在指出区域经济存在"地区间经济差距急剧加大"和"地区产业结构严重趋同"两个问题上，学者们提出区域经济政策要"合理分工、发挥优势""适度倾斜、协调发展"等建议。朱小林（1999）在指出我国区域经济差异十分显著的基础上，提出"强化中央政府的区域平衡能力""消除地区封锁、发展全国统一市场""建立以地区开发为目的的政策金融"等政策建议。也有学者从政策实施效果视角分析这一问题，如魏后凯和刘楷（1994）指出有效政策措施制定是解决问题的关键。有学者在梳理我国区域政策发展历史脉络基础上，指出我国区域政策实施过程中往往顾此失彼，"效率与公平"始终没有得到有效兼顾，尚未形成赋有市场经济发展特征的区域政策体系（刘玉和刘毅，2002；张首魁和赵宇，2020）。

进入 21 世纪以来，不少研究者针对区域经济协调发展的具体政策进行了研究。已有研究重点关注如何发挥税收与转移支付的作用，探讨相关体制机制设计如何提升区域协调发展能力（王宵雅和张继彤，2016；王曙光等，2019；李顺明等，2020）。除了上述两个途径以外，试行地方政府债券、赋予欠发达地区更为宽松的财政政策环境，也是促进区域经济协调发展的重要举措（彭月兰，2003），亦可以通过充分发挥政策性金融对落后地区的长期资金支持这一政策（韩凤芹，2004）。但是，政策的出发点和实施效果总会存在偏差。丁芸和张昕（2007）指出财政投资资金来源渠道单一，资金使用政策性不强，结构不合理，专项拨款分配失衡、随意性大等财政政策问题，以及统一的税制在不同地区产生不同的税负效应，税收优惠政策没能体现产业导向，地方政府没有税收立法权和减免权等税收政策问题，提出用"因素法"代替"基数法"实现转移支付，适当降低落后地区税负，加大中西部地区政府税收管理权限，加大国债资金对中西部基建的倾斜力度，允许中西部适当发行地方政府债券，推行投资股份化和资产证券化，加强财税政策和产业政策及金融政策的协调配合等一系列的政策建议。除了对财税和金融投资政策的研究，张先锋和张庆彩（2004）、杨刚强等（2012）还对土地政策调控区域经济的内在机理进行了分析。此外，衣保中和任莉（2003）对日本的区域经济政策进行了系统介绍，蔡志刚和周颖（2005）对美国、欧盟和德国的区域财税政策进行了比较分析，形成了一定的借鉴价值。

刘国才（2011）从环境保护角度出发，认为区域协调发展能力应该追求经济与环境保护相同步。然而，反观我国各区域环境与经济发展状况，郭立伟和沈满洪（2010）、于化东（2020）指出，经济发达地区的产业转移，主要是污染性产业，对欠发达地区的生态环境恶化造成了直接影响，导致我国区域间环境与经济不协调的可能性增大，同时，跨区域环境污染防治也存在诸多困难，地方政府间的合作治理污染机制尚未建立。

基于此，不少研究者针对区域环境的具体政策展开了思考。第一，在区域环境政策方面，许传阳和郝成元（2013）认为区域协调发展的环境政策体系构建是解决跨区域环境污染治理的有效途径，并基于管理、经济与技术层面分别提出了相应的生态机制建设方案。考虑到各地区资源环境禀赋存在差异的事实，马中等（2009）进一步指出区域环境政策应更具针对性和多样化，实施环境功能区划战略，采用软硬兼施的政策手段，达成多样化的政策工具布局，确保区域环境协调发展。第二，吴冠岑和牛星（2009）指出区域间环境协作是顺应自然规律、尊重人与自然和谐共处规律的良好途径，假如能够为之创造切实可行的政策畅通环境，则可能达成社会最大综合效益。由此，司林波等（2018）在分析了生态环境外部性、空间外延性的基础上，提出了多元协同治理模式，以形成国家、市场和社会一体化的协作性治理网络（费广胜和王恒齐，2017）。

自我国"十二五"规划明确提出要"坚持社会主义先进文化前进方向，弘扬中华文化，建设和谐文化，发展文化事业和文化产业，满足人民群众不断增长的精神文化需求"[①]，文化大繁荣要素融入区域发展规划已成为近年来区域规划工作的重心。然而，王晓静（2013）通过梳理多项区域发展规划发现，由于政策制定者存在着政策落实不延续问题，导致现有区域文化政策缺乏区域附属性。李玉杰等（2012）则基于恩格尔定律分析了制约区域文化产业发展的影响因素，由此提出了相应的对内政策和对外政策，强调各区域间文化产业的交流对接，促进区域文化的融合发展。同时，李浩（2012）从区域文化与经济发展的关系出发，指出区域文化发展应发挥其内在经济价值和比较优势，当地文化宣传部门需要充分挖掘并推广本区域文化中富含的经济思想和价值观念。另外，胡霁荣和张春美（2014）立足我国文化政策的发展与转型轨迹，从治理逻辑角度诠释了我国区域文化政策的主导逻辑及其转变动因，并指出我国区域文化政策的未来方向，即工具理性向人文理性转变，突出人的全面发展。

英国社会政策鼻祖马歇尔曾在其《社会政策》一书中把社会政策定义为"关于政府行动的政策，即核心内容包括社会保险、公共（国家）救助、健康和福利服务以及住房政策"。魏后凯（2008）也曾指出单纯的市场力量一般会扩大而不是缩小地区差距，因此在较为完善的市场经济体制下，中央区域政策应该实行"逆市场调节"，缩小地区发展差距在于地区间基本公共服务均等化差距的有序缩小，保障各地区居民能享受到均等化的基本公共服务。同时，姜晓萍和陈朝兵（2013）通过比较分析发现我国公共服务体系呈现出东部地区"质量导向"与西部地区"效率优先"特色，认为应在坚持保护特色中缩小差距，探索包容性增长的地方公共服务体系发展模式。

---

① "十二五"规划传承创新 推动文化大发展大繁荣［EB/OL］. 中国政协网，2011 – 3 – 5.

1.4.3　影响我国区域协调发展能力提升的问题研究

在区域经济协调发展问题研究上，部分学者采取单项指标与多项指标来分析，按不同的区域划分标准，对我国区域经济协调发展差距进行了广泛研究。王小鲁和樊纲（2004）认为我国在20世纪80年代至90年代，区域发展差距呈现先降后升的趋势，与已有研究结论类似（宋德勇，1998；林毅夫和刘培林，2003；刘夏明等，2004；许召元和李善同，2006；万广华，2006），杨伟民（1992）分析得到的1978~1989年全国各地区收入差距状况也证实了这一观点。从区域层面来看，研究结论基本都定性为自改革开放以来区域差距总体上呈扩大趋势。袁钢明（1996）的研究结果表明1978~1994年东、中、西部地区人均GDP差距持续扩大，主要体现在东部与中西部的差距在逐渐扩大。以省为区域单位进行研究，林毅夫等（1998）采用人均收入指标测算各省份基尼系数，结果表明1978~1995年各省份差距缓慢缩小，但1985年之后差距开始扩大，周玉翠等（2002）进一步指出省际差异明显增大主要表现在沿海与内陆省份的差距上。

部分学者基于收敛或发散视角比较区域差距，由于不同评价指标和估计方法，针对不同的区域所得出的结论分歧较大。魏后凯（1997）认为人均收入不存在收敛，这一结果得到学者的支持，马栓友和于红霞（2003），沈坤荣（2002）等也认为不存在绝对β收敛，但存在东、中、西俱乐部收敛和条件β收敛，且条件收敛的形式存在差异（蔡昉和都阳，2000），如条件β收敛（林毅夫和刘培林，2003；吴玉鸣，2006）、双峰趋同收敛（徐现祥和舒元，2004）、δ收敛（林光平等，2006）。潘文卿（2010）认为引入空间效应后，证实存在绝对β收敛，但收敛速度缓慢，且东、中、西部存在俱乐部收敛；何一峰等（2008）认为不存在全国范围内收敛但存在三个俱乐部收敛。

1.4.4　提升区域协调发展能力的机制与制度框架研究

在研究区域经济协调发展问题的学术文献中，以"机制"的视角考虑区域经济协调发展的研究不多，大量研究均从具体的或特定的视角提出政策建议。

学者们对区域经济问题的解决主张可以分为市场机制视角和政府机制视角。陈自芳（2019）认为政府不可能有效地直接调控社会经济发展，良好的市场环境是一个地区享受政策优惠的前提条件，市场作为一种主要的资源配置机制，效果优于政府（樊明，2006；李新安，2006），建议中西部欠发达地区调整优化所有权结构。市场机制能够有效突破行政区划束缚（朱文晖，2003），如果生产要素的壁垒被消除，那么中西部经济就会追赶上来（刘夏明等，2004）。有学者研究表明推进区域市场全面开放与完善区域要素市场体系有利于区域协调发展（徐现祥和李郁，2005；覃成林，2011）。统一国内市场要求政府改变区域同构、重复建设的割据局面（刘福坦，2003），必须理顺宏观政策环境，建立产品与要素能够自由流动，没有人为抑价或抬价的全国统一市场体系（林毅夫等，1998），特别需要减少资本与劳动在地区间的流动壁垒（Yao & Zhang，2001）。

在政府机制方面，扶持机制与分工机制为两类主要作用机制。费莱舍和陈建（Fleisher & Chen，1997）的研究认为政府在制定区域政策上的差异与倾斜造成了我国区域差距扩大的事实，内陆地区政府支持改善科技、教育、公众健康对平衡发展战略是极其重要的（Demurger，2001）。基础设施落后是我国区域差距扩大的重要原因，藤田昌久和胡乐（2001）认为我国中央政府应加强基础设施的改善，为欠发达地区创造参与国际市场的硬环境，李天（1999）认为中央政府应通过财政转移支付改善落后地区生活水平，胡乃武和董潘（2000）认为应成立西部开发银行，建议发行建设彩票和地方政府债券，还有不少文献提出发达地区对不发达地区对口支援的重要意义（云秀清和贾志刚，2004）。

在分工机制方面，2010年国家推行的主体功能区规划是区域经济协调发展分工机制的直接体现。周绍杰等（2010）、黄成等（2019）提及了通过规划体制和转移支付支持来维护主体功能区发展战略。此外，根据地区比较优势，进行合理的产业分工也是实现区域经济协调发展的重要措施（陆大道，1997；李红锦等，2018）。

促进区域经济协调发展的制度，实质上是一系列维护地区经济良性发展关系的政策，已有研究主要讨论财政政策、产业政策、人口政策、土地政策和区域政策。财政政策上，巴罗（Barro，1990）研究发现公共支出能够影响区域发展效率，龚六堂和邹恒甫（2001）的研究表明经常性财政支出对区域经济增长的影响是正向的，而经常性财政支出与资本性财政支出的波动性对区域经济增长的影响效应是负向的（庄子银和邹薇，2003）。另外，也有不少学者从财政分类视角讨论了政府财政支出对区域经济增长的影响（靳春平，2007；付文林和沈坤荣，2006）。产业政策方面，大部分学者认为区域经济活动的产业集聚会带来经济增长，胡凡和斯科特（2003）认为亚洲国家，特别是中国充分利用了产业集群策略来吸引外国直接投资（FDI），有效地促进了经济增长，如大中型外商投资企业部门集群对区域 GDP 和人均收入增长有正向的影响（朱英明，2002）。产业集聚所产生的直接影响是区域发展的不协调，兰肇华（2005）认为产业集群理论是指导我国区域非均衡协调发展的理论选择。人口政策方面，蔡昉等（2002）指出二元化户籍制度的废除，可以极大降低区域二元化发展概率，进一步消除劳动力市场发展面临的障碍，以此缩小城乡差距。土地政策方面，冯长春（2015）认为，区域应当以土地资源禀赋特征及政府土地指标分布为基础，积极主动承接高技术产业转移，促进区域产业结构升级优化，保持区域发展的持久动力。区域政策方面，张红梅（2010）认为合理的区域制度设计、供给是缩小区域间经济差距的关键，王洛林（2003）认为中国应当从西部软环境建设出发，积极引进外部资本进入西部大开发战略。

1.5 土地财政对区域协调发展能力的影响研究

事实上，土地财政对区域协调发展能力的影响主要表现为资源的优化配置问题，既体现在财政资源的科学布局上，也体现在土地资源的优化配置上。随着社会经济的快速发展，人口增长、产业结构调整与城镇化水平提高都深刻引起了财政支出结构、土地利用结构与布局的变化。因此，实现对有限的财政资源与土地资源的优化配置显得尤其重要。依据土地学科定义，土地资源优化配置指土地资源在时间和空间上的分布状态优化（王万茂，1996）。土地资源配置的实质是一项确定完整土地布局的技巧或活动，以期达成某既定目标，或是依据需要达成的目标对土地利用类型或结构做合理科学的安排。因此，完整意义上的土地资源配置应包括土地利用的区域宏观配置、地区部门配置和地点宗地配置（倪少祥和刘彦随，1999）。同时，土地资源配置需要遵循相关原则，如综合效益最大化原则、使用效率最大化原则及局部配置机会成本最小化原则（赵成功，2000）。财政是国家职能实现的重要保障，财政资源配置具有调控区域发展布局的作用，在区域协调发展战略下，财政资源优化配置显得尤其重要，这不仅涉及中央财政资源，也对地方财政资源配置提出了更高的要求。地方财政资源优化配置问题其实质是如何发挥土地财政的再分配效应，能否把土地财政收入有效配置到区域协调发展战略实施中，是提升区域协调发展能力的关键所在。

1.5.1 土地财政与政府行为

土地财政对政府行为的影响主要通过财政激励与晋升激励来传导，进而延伸出地方政府的投资偏向举措。赵合云（2011）通过构建预算软约束理论的分析框架，系统地分析了土地财政与地方政府行为选择问题，认为政府绩效考核偏向 GDP 考核及行政集权下的财政分权体制并存的制度环境，塑造了短期绩效的强激励机制与外部约束的弱约束机制并存的发展体，使得土地财政成为地方政府在其管辖范围内获取资源来完成政府政策目标的必然选择（吉瑞等，2015）。类似的研究结论也得到了其他学者的验证（Qian & Roland，1998；王永钦等，2007），其中，卢洪友等（2011）采用中国地方数据验证了我国土地财政是地方政府弥补财政缺口的无奈之举，其有效缓解了财权与事权矛盾，因此，是中国的分税制改革造成了地方政府财权与事权错配，地方政府无法保障辖区内公共服务的有效供给，从而转向追求预算外收入，尤其以高度依赖土地出让金收入为主要来源途径。

也有学者认为地方政府的土地财政行为是由晋升激励（刘佳等，2012），而不是财政激励引起的。其中，张莉等（2011）通过理论模型推演，并采用省级面板数据验证了地方政府土地财政的政府绩效考核激励假说与财政激励假说并存，但是政府绩效考核激励假说占主导地位。刘佳等（2012）探讨了政府绩效考核与土地财政的关系，基于晋升激励理论，采用地级市面板数据分析了政府绩效考核竞争对土地财政的影响，发现晋升激励是引发土地财政的根本原因，且存在区域差异，西部地区相对东部地区更加倾向于土地财政。

1.5.2　土地财政与区域发展

土地财政作为地方政府主要的预算外收入来源，一方面，弥补了财政收支缺口，一定程度上缓解了地方财政困局，稳定了地方财政；另一方面，土地财政为城市化发展提供了"地"与"钱"，加速了地方城市化发展进程（赵国玲等，2008；孟森，2011；王玉波和唐莹，2011；赵合云，2012）。财政分权以来，土地财政发展模式对经济发展的推动作用越来越明显，因为土地财政不仅可以为地方政府筹集经济发展资金，从而促进基础设施建设规模化发展，推动经济发展，也可以集中力量促进民生领域的投资，建立覆盖城乡的社会保障体系（侯昭瑞，2013）。然而，土地财政也引起了城市无序扩张、金融风险、债务危机、房地产过度投资及滋生违法腐败等诸多弊端。由于地方政府控制着城市国有土地与农村集体土地的剩余权，可以对土地一级市场与二级市场设置垄断条件，为寻租创造了便利条件，客观上造成了城市土地市场错位及土地违法腐败，无论是对社会还是经济发展都具有负面效应，如失地农民利益维护问题引发社会不安，产业结构失调问题阻碍经济转型升级等，而且这种土地违法具有隐蔽性强、侦查难度高等特点，同时，城市土地市场错位具有强路径依赖特性（梁若冰，2009；杨元庆和刘荣曾，2011；刘玉萍等，2012）。

土地财政与城镇化发展也得到不少学者的关注。薛翠翠等（2013）发现土地财政为城镇化提供了筹集资金的渠道，但基于资金供给可持续性考虑，提出了新型城镇化背景下土地财政的改进方向。陈多长和游亚（2016）认为快速城镇化导致地方政府对土地财政的过度依赖，阻碍了城镇化的创新推进。庄佳强和陈志勇（2017）从政府融资模式与财政风险角度讨论了土地财政对城镇化的影响，发现土地融资长期来看增加了地方政府财政风险积聚的可能。陈莹和杨芳玲（2018）通过构建城镇化与土地财政的耦合协调度模型，并运用省级面板数据进行测算，发现总体上我国城镇化与土地财政的耦合协调关系经历了由失调衰退—过渡—协调发展三个阶段，但存在明显的区域差异，东部地区的耦合协调度高于中部与西部。

1.5.3 土地财政与区域福利

国外研究表明，实施财政分权，并由地方政府提供公共品与公共服务，可以更加针对目标群体释放财政支出福利效应，切实提高辖区内的公共服务水平（John G. Head，1974；The World Bank，1995；Aehyung Kimr，2008）。国内研究也表明地方土地财政显著地提高了辖区内公共服务水平，但存在公共品供给类型差异，即显著增加了交通基础设施等经济性公共品，而对医疗卫生等非经济性公共品则存在忽视问题，总体来说，地方政府实施土地财政的行为是有效的（卢洪友等，2011）。但同时，土地财政也会造成公共品供给的结构失衡，存在明显增加经济性公共品供给而抑制非经济性公共品供给的问题（李慧和葛杨，2018；熊美娟和陈思茵，2018）。土地财政支出上存在城市偏向问题，加剧城乡发展差距，恶化城乡福利状况（程开明和李金昌，2007；雷根强和蔡翔，2012；杨良松，2013；刘成奎和龚萍，2014；吕炜和许宏伟，2015）。

也有学者从理论与实证上考究土地财政的社会福利效应，主要依据森（Sen）的可行能力理论测度社会福利指数，然后考察土地财政与社会福利的关系，发现土地财政短期内对提高社会福利有积极作用，两者关系呈倒"U"型曲线（文雁兵，2015；吴士炜和汪小勤，2017；王华春和吴丁长，2017）。

1.6　评价与研究拓展

党的十九大报告开创性地提出，中国特色社会主义进入了新时代，新时代我国社会主要矛盾发生了深刻变化，即转变为人民日益增长的美好生活需要与不平衡不充分的发展之间的矛盾。在此背景下进行区域协调发展战略研究，应将问题实质集中于处理好各层面地区的公平和效率关系上，探讨如何在兼顾公平与效率的基础上提升区域协调发展能力。构建更加有效的区域协调发展新机制，持续推进区域协调发展得到高度重视，各地在土地财政发展模式上的实践为本研究提供了非常丰富的素材与开拓空间，毋庸置疑，已有研究成果为本书起到必不可少的启示作用。

1.6.1　土地财政问题的复杂性

有关土地财政的内涵认知，决定了土地财政的社会经济效应测度的准确性。土地财政不仅包括与土地相关的各种收入，也包含围绕土地财政所采取的地方政府行为。现有研究已经明确了土地财政与经济发展、城镇化、产业结构、收入分配之间存在密切联系，但积极影响多还是消极影响多，学术界存在不同观点。不可否认的是，土地财政会影响区域协调发展能力，但其传导机制并不明确。相关机制复杂、数据缺失与理论基础薄弱，使得从土地财政视角研究区域协调发展能力文献相对较少。这一现象反映出本书能够借鉴的成果较少，但也说明填充相关研究缺陷的紧迫性。

1.6.2　文献评述

1. 现有研究难以解释新时代背景下区域协调发展问题

党的十九大报告中指出"我国社会主要矛盾已经转化为人民日益增长

的美好生活需要和不平衡不充分的发展之间的矛盾"①，开启"决胜全面建成小康社会，开启全面建设社会主义现代化国家新征程"，这就赋予区域协调发展新的内涵和新的历史使命。已有研究重点关注前一阶段社会主要矛盾，即"人民日益增长的物质文化需要同落后的社会生产之间的矛盾"，过度追求经济至上，片面追求经济发展反而忽视区域协调发展的其他方面，同时区域经济差距不断拉大，这就要求在现实基础上，重新审视区域协调发展，进一步明确区域协调发展的目标与内涵，区域协调发展需要以习近平总书记治国理念为指导，明确区域协调发展目标包含"实现基本公共服务均等化、基础设施通达度比较均衡、人民生活水平大体相当"等主要内容，并积极嵌入乡村振兴与城乡融合发展战略②。

2. 现有文献总体上缺乏系统性和一致性

尽管现有文献分别从不同层面研究区域协调发展，揭示了存在的问题并提出了对策建议，但缺乏系统性和一致性。显然，要解决人口众多、疆域辽阔、自然禀赋差异巨大的大国区域协调发展能力问题，其研究需要在系统性、一致性、规范性以及实证分析上做更多努力，土地财政对区域协调发展能力的影响研究散落在区域协调发展目标分解的文献树里，缺乏比较系统的研究框架，有待于进一步研究土地财政对区域协调发展能力影响的有效传导路径构建及影响程度测度。本书依据公共选择理论、委托代理理论、路径依赖理论与政府"理性经济人"假说等角度出发，主要基于财政激励下的"以地生财"与晋升激励下的"以地引资"两种地方政府行为，研究土地财政对区域协调发展能力的影响机制，分析上述地方政府行为对区域协调发展能力各方面可能产生的重要影响，构建起相对完整、逻辑性强的分析框架。

3. 需要弥补当前土地财政对区域协调发展能力影响研究不足的缺陷及进一步拓宽当前土地财政的研究视野

现有研究主要围绕区域协调发展"是什么、为什么、怎么样"来阐

---

① 引自决胜全面建成小康社会 夺取新时代中国特色社会主义伟大胜利——在中国共产党第十九次全国代表大会报告上的内容［EB/OL］. 新华网，2017 – 10 – 27.

② 习近平. 明确区域协调发展的三大目标［EB/OL］. 中国新闻网，2017 – 12 – 28.

述，本书研究视角是在"怎么样"基础上进一步延伸与细化，以财政分权与地方官员"晋升锦标赛"为制度背景，融合财政学、区域经济学、政治经济学、管理学和社会学等学科基础理论，基于地方政府行为视角，尝试就土地财政对区域协调发展能力的影响效应及作用机制进行实证研究。具体而言，一方面，从能力提升角度出发，寻求有助于提高区域协调发展能力的驱动因素，最终选取了对国民经济社会产生深远影响的土地财政作为切入点，因为它既受到社会褒贬不一的评价，也是地方政府当下高度依赖的产物，并且还未寻找到合适的替代物；另一方面，对于土地财政与区域协调发展能力的研究，着重围绕区域协调发展目标，探寻土地财政对区域协调发展能力提升的有效路径，对于土地财政的积极作用继续借鉴，消极作用则是规避调整，从而进一步形成更为科学的区域协调发展路径和保障框架，以期为国家完善土地财政经营策略，解决区域发展不平衡问题提供有益借鉴。

1.7　本书的研究框架

1.7.1　研究目标

本书以公共选择理论、委托代理理论和路径依赖理论等理论为基础，重点考察土地财政对区域协调发展能力的影响及其作用机理，以期揭示区域协调发展能力提升的深层次原因，为制定切实有效的区域协调发展新机制提供理论与现实依据。本书的研究目标具体为：

理论方面，融合多学科研究，厘清土地财政影响城乡收入差距、基本公共服务供给质量、基础设施通达度能力、地方政府投资偏向、地方政府竞争的作用机制。主要回答以下问题：土地财政对区域协调发展能力的影响具有何种内在逻辑？传导机制的作用机理是什么？为实证研究奠定扎实理论基础。

实证方面，综合运用 EPS 全球数据库、中经网数据库与 WIND 数据库，以及以省区市为单位的统计年鉴数据，构建面板固定效应模型、调节效应模型、空间计量模型、中介效应模型及机制检验模型，借助工具变量法与最小二乘法等计量经济学方法，对相关问题进行实证检验。主要回答以下问题：土地财政对区域协调发展能力的影响如何？具有什么样的特征？如何处理好计量模型中的内生性问题，精准识别土地财政影响区域协调发展能力的净效应？土地财政对区域协调发展能力影响的传导机制是什么？传导机制作用方向及作用力度如何？是否与理论分析一致？在实证研究结果基础上，如何优化目前的财税体制与地方政府土地财政发展模式，以完善国家土地财政经营策略、构建更加有效的区域协调发展新机制？

1.7.2 研究内容

基于研究目标及问题界定，本书的研究内容及思路如下。

1. 理论分析

理论分析部分主要是绪论与第2章，综述了土地财政与区域协调发展能力相关文献，重点阐述了土地财政和区域协调发展能力的理论基础。

绪论主要介绍研究背景及研究意义、研究目标、内容与方法，提炼本书的创新点，指出不足之处与研究展望。

第2章主要是阐述土地财政影响区域协调发展能力的理论基础，并对土地财政与区域协调发展能力相关文献进行综述。在界定土地财政、区域协调发展能力和地方政府行为基础上，对相关理论做了进一步阐述。

2. 规范研究

规范研究章节具体是第3章，重点阐述我国土地财政与区域协调发展有关政策脉络，对土地财政和区域协调发展能力的现状及发展趋势做统计分析，通过政策解读与典型事实分析为实证分析奠定现实基础。

3. 实证研究

实证研究部分主要包括第4章、第5章和第6章，分别从财政激励下的"以地生财"与晋升激励下的"以地引资"两种地方政府行为考察土地财政对区域协调发展能力的影响。

第 4 章主要考察地方政府财政激励下的"以地生财"行为对区域协调发展能力的影响。地方政府"以地生财"行为是基于我国分税制改革后，弥补财权与事权不匹配的财政激励之举，对区域经济社会发展产生深刻影响。本章以 2002~2017 年全国省区市为研究样本，通过构建城乡收入差距、基本公共服务均等化与基础设施通达度三个调节变量，建立固定效应模型与调节效应回归模型实证检验地方政府财政激励下的"以地生财"行为对区域协调发展能力的影响及机制，并做了内生性处理与稳健性检验，以保证结果的真实性与稳定性。

第 5 章主要考察地方政府晋升激励下的"以地引资"行为对区域协调发展能力的影响。地方政府"以地引资"行为是基于地方政府绩效考核，官员晋升激励下的行为策略，其实质是地方政府的土地出让策略选择问题，即如何安排协议出让与招、拍、挂出让的比例。本章以 2002~2017 年全国区市为研究样本，通过构建空间计量模型与中介效应模型实证检验地方政府晋升激励下的"以地引资"行为对区域协调发展能力的影响及机制，并构建具有机制变量模型对全书传导机制进行了系统检验，明确了地方政府投资偏向与基础设施溢出效应两条路径的作用方向及作用程度。

第 6 章主要考察土地财政影响区域协调发展能力的区域异质性特征。通过选取典型省份进行比较分析，以 2007~2017 年浙江省与云南省各地级市为比较研究样本，对两省的土地财政影响区域协调发展能力做了比较回归分析，以及做了相关稳健性检验。

4. 政策建议

政策启示部分具体为第 7 章，基于理论分析与实证研究结果，结合现实情况，提炼研究结论，为完善国家土地财政经营策略、构建更加有效的区域协调发展新机制提出政策建议。

1.7.3　研究思路

如图 1-1 所示，本书采取层层递进的方式，首先对土地财政与区域协调发展能力进行理论梳理，定性分析土地财政与政府行为、区域发展与区域福利的关系，进而延伸分析土地财政与区域协调发展能力的关系，为本书研究奠定理论基础。其次在对我国土地财政和区域协调发展有关政策进行系统梳理的基础上，对土地财政与区域协调发展能力发展趋势进行了描述性统计分析，通过政策解读与典型事实分析得出土地财政模式下地方政府行为影响区域协调发展能力的直观印象；进一步就财政激励下的"以地生财"与晋升激励下的"以地引资"两种地方政府行为对区域协调发展能力的影响及其作用机制进行理论与实证检验，同时，从全国层面与典型区域层面相结合的方式，考察了土地财政影响区域协调发展能力的区域异质性特征，为本书研究假设提供经验证据。最后依据理论分析与实证研究结果，结合现实情况，提炼研究结论，为完善国家土地财政经营策略、构建更加有效的区域协调发展新机制提出政策建议，并做了研究展望分析。

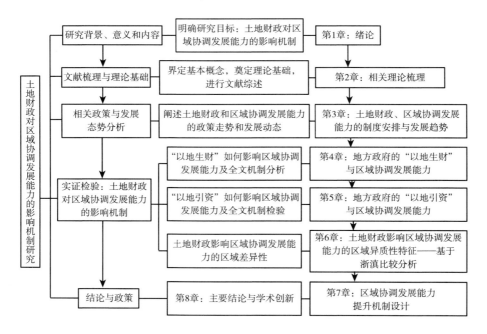

图 1-1　技术路线

1.7.4 研究方法

本书主要采用的研究方法如下。

1. 文献资料归纳分析法

文献收集与阅读是研究的基础工作，通过收集、整理与本研究密切相关的文献，可以了解国内外土地财政、区域协调发展相关的研究成果，并进行评述与归纳，提炼出能够适合本研究的理论基础、研究方法等，为构建区域协调发展能力评价指标体系，阐明土地财政对区域协调发展能力影响的机制分析奠定基础。

2. 理论分析与实证研究相结合法

本书的分析主要采用理论分析和实证研究相结合的方法，理论上，融合多学科研究，厘清土地财政影响城乡收入差距、基本公共服务供给质量、基础设施通达度能力、地方政府投资偏向、地方政府竞争的作用机制。实证方面，综合运用 EPS 全球数据库、中经网数据库与 WIND 数据库，以及以省区市为单位的统计年鉴数据，构建双向固定效应模型与空间计量模型，借助工具变量法与最小二乘法等计量经济学方法，对相关问题进行实证检验。

3. 比较分析法

通过土地财政对区域协调发展能力的影响在不同区域的影响的态势与程度比较，有助于全面了解土地财政对区域协调发展能力的影响作用，为土地财政调整和区域协调发展优化提供方向性指导，为建立更加有效的区域协调发展新机制提供有力支撑和依据。

4. 单项评价与综合评价

构建多目标多层级的区域协调发展评价体系，兼顾宏观层面指标和典型案例对发展状态的评判能力，实现区域发展中公平与效率的配置结构建立在科学测算的基础上，并将空间可计算一般均衡模型，空间效应分析模型等运用到区域协调政策预测和响应分析。虽然测算过程存在一定难度，但至少为不同区域间的政策应用强度提供一种依据，使得研究成果更具可操作性。

1.7.5 研究创新

1. 拓宽了土地财政与区域协调发展领域的研究视角

土地财政与区域协调发展均是备受关注的社会热点问题，单纯研究某一问题的研究十分丰富，但将两者纳入同一框架进行系统研究的文献为数不多，本书基于地方政府行为视角，就财政激励下的"以地生财"与晋升激励下的"以地引资"两种地方政府行为对区域协调发展能力的影响及其作用机制进行理论与实证检验，把土地财政对社会经济的影响拓展到区域协调发展领域，具有较强的理论意义与实践启示。一是同时考察财政激励下的"以地生财"与晋升激励下的"以地引资"两种地方政府行为对区域协调发展能力的影响，既丰富了土地财政领域研究成果，也弥补了土地财政对区域协调发展能力系统研究不足的空白；二是细化了异质性研究，体现为本研究不仅仅考察全国宏观范围内土地财政影响区域协调发展能力的异质性特征，还选取了重点区域微观考察地级市范围内土地财政影响区域协调发展能力的异质性特征，使得研究结论更具有普适性。

2. 揭示了土地财政对区域协调发展能力影响的作用机制及作用程度

有关土地财政对区域协调发展能力的影响，已有文献主要指出了影响的存在性，并未对作用机制与机制贡献度进行探索，更没有给出严谨的经验证据。本书实证检验了土地财政影响区域协调发展能力的两种作用机制：第一，地方政府可以通过土地收益收入拓宽财政空间，缓解事权和财权的错配，从而保持地方政府正常运转，属于财政激励范畴，但在传统的发展模型下，地方政府作为"理性经济人"，它会选择重点投资城市建设、回收效应快的城市基础设施，从而形成了城市偏向的发展路径依赖，导致城乡之间或区域之间的差距扩大，对区域内协调发展能力产生离心力；第二，地方政府在保持正常运转的前提下，可能还具有发展区域经济的能动性和积极性，以获得较高的中央考核评价，从而实现晋升目标，属于晋升激励，而当中央调整考核风向标后，如党的十九大强调要在兼顾公平与效率基础上进一步促进区域协调发展，以及实施城乡融合发展、乡村振兴战略等系列统筹发展政策，此时，地方政府不得不考虑改变投资策略，加大投资落后区域或农村地区的发展，形成一定的政策溢出效应，其中以基础设施溢出效应最明显，有效缓解了城乡之间与区域之间的发展差距，对区域内协调发展能力产生向心力。

3. 对土地财政影响区域协调发展能力的效应及作用机制提供了严谨的经验证据

本书首先在理论分析的基础上，融合多学科研究，厘清土地财政影响区域协调发展能力的作用机制；其次在实证方面，综合运用 EPS 全球数据库、中经网数据库与 WIND 数据库，以及以省区市为单位的统计年鉴数据，构建双向固定效应模型与空间计量模型，借助工具变量法与最小二乘法等计量经济学方法，遵循全国层面与典型区域层面相结合方式，重点对相关问题进行了实证检验，较好地刻画了土地财政对区域协调发展能力的影响效应及作用机制。

第 2 章

Chapter 2

相关理论梳理

2.1 重要概念界定

2.1.1 土地财政

土地财政在中国作为热门词汇出现的时间是 2000 年以后，2006 年开始受到媒体与学者的广泛关注。学术界普遍认为 1994 年的分税制改革，加剧了地方政府财权与事权错配，引发了地方政府间的"标尺竞争"与城乡二元土地市场结构缺陷等问题，致使地方政府高度依赖辖区内土地资源收益来完成社会经济发展及官员自我晋升目标，从而形成了土地财政，也成为地方政府的"第二财政"（高聚辉和伍春来，2006；刘红梅等，2008；罗必良，2010；李郇等，2013；孙秀林和周飞舟，2013；王玉波，2016）。土地财政作为转型期的一种特殊经济现象，其主体是地方政府，客体是行政区内的土地资源，两者相互作用是通过财政收入与支出活动及利益分配关系来联结，而土地出让金被认为是土地财政的核心（王克强等，2012；方文全，2014）。对于土地财政规模的估算研究没有形成相对统一的思路，纵观国内文献，土地财政规模估算主要存在小、中、大三种统计口径。李尚蒲和罗必良（2010）将与土地相关的税收收入划入小口径土地财政收入，中口径则是在小口径基础上加入土地非税收收入（主要是指国有土地地租性收入），而大口径土地财政收入包含了小口径和中口径，并且增加了土地抵押收入与其他收入，相对比较宏观；牟燕和钱忠好（2015）将土地出让金划入小口径范畴，因为土地出让金能够最直观反映土地财政，且数据易于获得，而中口径则在土地出让金的基础上，加入了与土地相关的税收收入，主要包含耕地占用税、城镇土地使用税、土地增值税、契税、房产税等税种，最后在小口径与中口径基础上，加入土地隐形收入构成土地财政的大口径估算值，其中土地隐形收入主要是指土地融资收入。而有别于土地财政小、中、大口径划分标准，陈英楠（2017）在总结分析已有土地财政估算研究的基础上，将土地财政划分为土地费用收入、土地税收收入以及土地有偿使用收入三个部分，该划分标准符合国内现行的土地租税费制度，具有很强的现实可操作性。

　　本书的土地财政概念沿用主流研究定义，即地方政府高度依赖辖区内土地资源所进行的财政收支活动及构建利益配置关系。至于土地财政的估算主要综合狭义口径土地财政与广义口径土地财政来刻画，基本涵盖了预算内收入与预算外收入，进而形成本书的土地财政估算方法，为后文土地财政规模估算打下基础，其中狭义口径的土地财政以土地出让金为衡量标准，定义为土地财政Ⅰ，由于土地出让金与地方政府的土地运作直接相关，是地方政府预算外收入的主要来源，很大程度上提高了地方政府在财政收入方面的自主性，因此其构成了土地财政中最主要的内容。同时，大量学者在研究土地财政时，也将土地出让金等同于土地财政（杜雪君等，2009；吕炜和许宏伟，2013；邹薇和刘红艺，2015）；广义口径的土地财政是在土地出让金基础上，加入与土地直接相关的税收收入，定义为土地财政Ⅱ，具体为城镇土地使用税、土地增值税、耕地占用税、房产税、契税，这些税种经过1994年分税制改革后均划入地方收入，属于政府预算内财政收入（李尚蒲和罗必良，2010）。因此，鉴于研究数据的可获取性与完备性，本书定义的土地财政主要是指广义口径的土地财政Ⅱ，由土地出让金、城镇土地使用税、土地增值税、耕地占用税、房产税及契税之和表示，并主要从地方政府对土地财政的收支角度探讨土地财政对区域协调发展能力影响。

2.1.2 地方政府行为

地方政府全称是地方人民政府，指地方各级人民代表大会的执行机关，是地方各级国家行政机关，主要包括省（自治区、直辖市）、县（自治县、市）、乡（民族乡、镇）三级。

在分税制改革、土地制度及绩效考核体系等综合作用下，以及财政激励与晋升激励双重刺激下，地方政府作为"理性经济人"，会对土地财政发展模式形成路径依赖，逐步强化"以地生财"与"以地引资"两种行为（娄成武和王玉波，2013；罗富政和罗能生，2016）。

1. "以地生财"：土地财政数量策略

地方政府垄断一级土地市场，以招、拍、挂的市场方式经营土地，同时通过土地储备中心收储土地，达到调节土地市场供应量，影响土地价格，最大化地获取与土地相关的收入和税收，如土地出让金、土地增值税、契税及耕地占用税等，此种行为被称为地方政府"以地生财"行为（郑思齐等，2014）。

2. "以地引资"：土地财政结构策略

地方政府具有最大化土地收益的土地出让策略，可以通过协议出让或税收优惠等政策，把廉价工业用地作为招商引资的重要筹码，吸收投资，同时，高价出让商服用地，促进区域经济社会发展，从而达成地方官员晋升的硬性考核条件，此种行为成为"以地引资"。在"以地引资"发展模式下，工业用地价格远远低于实际地价，而商服用地价格则高于实际地价（亓寿伟等，2020）。

本书主要考察财政激励下的"以地生财"与晋升激励下的"以地引资"两种地方政府行为对区域协调发展能力的影响及其作用机制。

2.1.3 区域协调发展

戴颂华（2000）对区域协调发展的认识为区域之间存在的各自优势，

需要在国家宏观调控指导下，充分利用区域之间优势进行互利发展，形成区域整体的可持续发展。也有不少学者认为，区域协调发展是经济发展进程中持久的追求，其目标具有适宜时代进步的动态特性。杜宇（2008）强调区域协调发展是一种契合市场经济发展的模式，其目的在于实现区域间的要素自由流动与资源有效配置。孙海艳（2007）认为区域协调发展是基于系统理论的发展模式，需要实现区域内部与外部的共生发展。已有对区域协调发展研究集中于探讨统筹区域发展。胡乃武和张可云（2004）认为统筹区域发展是在区域整体发展布局指导下，寻求解决各个区域面临的主要问题，实质是把握"两个大局"及促进共同富裕。具体而言，统筹区域发展是一种兼顾系统内外协调发展的模式，需要发挥统筹全局规划、有序资源配置及有效政策把控等一系列措施体系的联动作用（黄勤，2004）。

本书定义的区域协调发展以目标实现为导向，主要以习近平总书记关于区域协调发展目标阐述为主要内容，即习近平总书记强调的区域协调发展要实现三大目标：基本公共服务均等化、基础设施通达程度比较均衡和人民生活水平大体相当[1]。自习近平总书记提出区域协调发展的三大目标以来，中共中央、国务院于 2018 年 11 月 18 日发布的《关于建立更加有效的区域协调发展新机制的意见》重申了区域协调发展的这三大目标，并将其确立为全国实施区域协调发展战略的指导纲领[2]。

2.1.4　区域协调发展能力

区域协调发展主要包含了区际协调与区域内协调（胡超美和朱传耿，2008），本书研究的区域协调发展，主要将研究范围界定在行政区范围内，主要包含了区域内的协调及区域间的协调发展。区域协调发展能力是一个综合性概念，它蕴含了区域经济协调发展能力、区域环境协调发展能力、

---

① 引自 2017 年 12 月 18 日至 20 日中央经济工作会议有关习近平总书记就明确区域协调发展三大目标相关内容。

② 中共中央 国务院关于建立更加有效的区域协调发展新机制的意见［EB/OL］. 中华人民共和国中央人民政府网，2018 – 11 – 29.

区域文化协调发展能力及区域社会协调发展能力为一体的综合协调发展能力。众多文献使用了"区域经济协调发展"这一术语，但相当一部分并未对协调发展能力的内涵进行界定，有学者则对其做隐性处理（徐现祥和李郇，2005；范剑勇和谢强强，2010）。这种忽略的背后，主要是把"缩小区域差距"当成"协调发展能力"的同义词。曾坤生（2000）在已有分析基础上，将区域协调发展能力进一步细分为静态协调发展能力和动态协调发展能力，并强调区域协调发展既要注重静态的平衡发展，也需要把握区域实际情况，突出区域协调发展的阶段特征，实现静态协调发展能力与动态协调发展能力全面提升的发展观。

承接上文对区域协调发展的定义内容，本书将区域协调发展能力定义为区域内实现基础设施通达度、基本公共服务均等化和人民生活水平大体相当三大目标的程度，实现目标的程度越高，则区域协调发展能力就越强；反之，则区域协调发展能力越弱。本书主要通过建立包含区域协调发展三大目标的综合评价指标体系来测度区域协调发展能力。

2.2　相关理论分析

2.2.1　土地财政的理论基础

1. 土地产权理论

土地产权是一种排他性的财产权利，一般用"权利束"加以描述，包括土地所有权及联系紧密的和相对独立的各种权利，主要包括以下几方面的内容：一是产权界定明晰，即明确规定产权归属及相关边界；二是关于产权分解与组合涉及权利主体的利益规定；三是关于产权运行过程中的交易原则及交易程序规定；四是产权保护制度。

在马克思主义土地产权理论中，土地产权既是一组权利束，也是一种生产关系的体现，它是不同历史时期社会生产方式的反映。同时，土地产权还具有市场化商品特性。而在新制度经济学土地产权理论中，科斯遵循外部性理论对产权影响经济交易的重要性进行了阐述。科斯定理描述为：产权交易存在有无成本之分，会对资源配置及交易双方利益结构产生深刻影响。安德逊（Anderson T. W.）认为，产权是一种行为规则，它是公众获取土地资源所必须遵守的行为规范。产权界定的目的是最大限度地调节人类行为。德姆塞茨（Harold Dems etz）认为，产权作为一种社会工具，它是人们进行交易并得到理想预期的法则。在土地财政中的产权体现为中国特有的土地制度——土地公有制制度，其为地方政府获取辖区内的土地收益提供了制度保障。

2. 财政收入理论

财政收入表现为政府部门在一定时期内（一般为一个财政年度）所取得的货币收入，它反映的是一种以国家为主体、在社会范围内集中性的分配关系。财政收入是政府履行职能、提供公共服务及促进社会有序运行的资金总和，而其筹集过程本身会对经济主体行为产生影响。

原始的租金仅指地租，即土地所有权的效益获取形式。随着马歇尔"准租金"概念的引入，租金的定义范围扩大了，不单单指地租，还泛指资源所有者的租金收益，形式多种多样，内容涵盖广。地租理论首先在资本主义状态下萌生，早期可分为地租的剩余理论与地租的边际生产力理论，随后发展为现代地租理论。而马克思主义地租理论则是在古典主义地租理论基础上创立的。

税收是无偿取得财政收入的一种重要形式，通过权威的政治权利获得，其目的在于帮助国家实现职能与资源再分配。它以国家存在为基础，伴随国家运行而发生作用。马克思认为，税收收入是国家运行的经济基础，也是国家经济发展的表征。列宁同样认为，所谓税收，就是国家无偿取得的政府收入。直到 20 世纪 30 年代，新的税收学说被提出，并扩充了税收的运行功能，除了具有为国家职能运行提供经济基础外，还具备宏观调控的功能，如税收补贴、转移支付、扶持产业发展、促进产业结构优化等。本书研究的土地财政与分税制改革密切相关，1994 年的分税制改革，加剧了地方政府的事权和财权错配，致使地方政府寻找新的税源，充实财政收入，以便支持地方经济社会发展。

3. 委托—代理理论

美国经济学家伯利与米恩斯在19世纪30年代通过对企业制度的观察，发现企业所有者与经营者合二为一具有很大的弊端，经过思索论证后提出了委托—代理理论（principal-agent theory），提倡企业两权分离，企业所有者保留所有权，把经营权利转交给专业经理人。该理论建立在非对称信息博弈论基础上，主要探讨委托人和代理人依据双方制定的契约，委托人雇用代理人为其服务，同时委托人需要对代理人赋予一定的决策权利，及提供相应的报酬。但在现实情形中，存在委托人与代理人的效用函数不一致问题，导致两者因利益产生矛盾，一方面委托人寻求财富最大化目标，另一方面代理人追求自身收入与休息时间最大化目标，此时，在缺乏有效制度安排的督促下，代理人对委托人的利益造成损害在所难免。

委托—代理关系普遍存在于社会领域中，政治领域是其运用的主战场之一。布坎南对政府做了理性经济人的假设，具体来说，政府部门的决策者及普通公务员对行为决策都具有理性的趋利避害特性，进而延伸到本书研究的土地财政问题，其主要涉及中央政府与地方政府之间的委托—代理关系。一方面，财政分权改革以来，中央政府把土地出让的权力下放至地方政府，地方政府依据辖区发展需要获取土地出让收入，并划入政府预算外收入来支配，即土地财政的支配。另一方面，中央政府与地方政府之间具有信息不对称与目标不一致的双重差异问题，其中，中央政府以提升全国人民的利益诉求为财政支出目标，而地方政府主要以辖区内人民的利益诉求为宗旨。由于中央政府与地方政府的效用函数的差别，最终很可能出现地方政府的行为决策损害中央政府主体利益的冲突。

4. 路径依赖理论

制度分析的鼻祖道格拉斯·诺思将路径依赖理论引入制度分析中，它揭示出地方政府一旦认定某项体制，由于规模效应、学习效应、适应性预期及利益集团因素的存在，地方政府会在有限理性的指引下朝着既定方向不断强化，从而在制度变迁中产生最大的制度惯性，不在乎这一路径是否低效率或无效率。路径依赖理论为分析政府长期对于某项制度的依恋提供了有益的解释。地方政府高度依赖的土地财政为地方政府拓宽了财政来源，弥补了财政缺口，同时也为地方官员晋升提供了强劲动力，因此，地方政府有发展土地财政的积极性，也有巩固土地财政的主观能动性，并逐步形成土地财政发展模式的路径依赖。

5. 公共选择理论

公共选择理论诞生的背景是 20 世纪 60 年代美国经济发展放缓，政府根据凯恩斯主义加强对经济的干预，结果经济发展并没有得到好转，反而引发了一系列社会问题，不得不引起学术界对政府调控作用的谈论，其中布坎南在其著作中《同意的计算——立宪民主的逻辑基础》首次探讨了公共选择理论的基本问题，把政府行为纳入了"理性经济人"假设范畴，认为公共选择或执行机构的官僚也是按"理性经济人"假设决策的，最大化自身目标。在我国地方政府绩效考核中，GDP 考核指标占据比重较大，地方政府官员基于自身晋升可能，面临较强的长期利益与短期利益选择时的"短视行为"，表现出利己主义行为。政府"理性经济人"假说不但解释了政府在区域发展中的作用，也揭示了地方政府追求土地财政发展模式的可能性，对区域协调发展能力产生了深远影响。

2.2.2 区域协调发展能力的理论基础

区域协调发展能力是一个综合性概念，它蕴含了区域经济协调发展能力、区域环境协调发展能力、区域文化协调发展能力及区域社会协调发展能力为一体的综合协调发展能力，本书主要阐述与本研究相对联系密切的区域经济协调发展能力、区域环境协调发展能力及区域文化协调发展能力。

1. 区域经济协调发展能力基础理论

区域经济协调发展与变化趋势的经济理论主要与经济增长基本理论一脉相承。将区域经济增长理论分为增长动力理论和增长方式理论。

从区域经济增长动力理论来看，主要包含了新古典经济增长理论和内生经济增长理论（也称为"新"经济增长理论）。新古典经济增长理论以索洛（Solow，1956）和斯旺（Swan，1956）建立的以技术为中心的增长模型为代表。在"哈罗德—多马"模型基础上，新古典增长理论修正了假设条件，发现技术进步也是促进经济增长的动力来源，并且不可忽视。鲍温姆则以规模报酬递增和垄断竞争理论为指导，形成了资本创造理论，该理论强调资本禀赋及资本增加水平是影响区域经济增长的关键因素。

内生经济增长理论强调技术进步的内生性，并对它进行了来源剖析与传导途径解释。该理论在新古典经济增长理论基础上，认为影响经济增长的来源不仅仅包括物质要素，也应该包含内生因素。罗默（Romer，1990）和阿吉昂（Aghion，1992）进一步对经济增长的理论解释做了深化研究，突出研发对增长的重要作用。

从区域经济增长方式理论划分来看，可以划分出均衡发展理论和非均衡发展理论两类。均衡发展理论包括大推进理论、贫困恶性循环理论、"二元结构"理论、低水平均衡陷阱理论和临界最小努力理论等。大推进理论从协同发展角度出发，主张实行全面发展。纳克斯（1967）提出的贫困恶性循环理论，强调优胜劣汰规律，注重对发展潜力大、回报率高的产业或区域进行追加投资，并形成局部优势。大推进理论与纳克斯理论在出发点上有所不同，纳克斯理论不赞成一定要协同发展。综上所述，可以发现均衡发展理论为政府干预提供了理论基础。

非均衡发展理论包含了一系列的理论主张。缪尔达尔（Myrda，1957）的循环累积因果论建立在优胜劣汰机制上，认为区位条件的好坏加剧了落后地区与发达地区的发展差距，发达地区也会出现成本增加、累计回报率下降等问题，此时，生产要素会出现向落后地区回流现象，从而形成扩散效应，但回波效应和扩散效应常常是非均衡的，回波效应通常占主导地位，从而导致富者更富，穷者更穷的经济局面。缪尔达尔主张政府既要支持优势地区的发展，又要谨防落后地区的恶性循环累积效应，也要关注落后地区的发展，并给予一定的政策与资源扶持。珀鲁（Perroux，1950）提出的增长极理论，认为经济在增长点或者增长极上能够迅速发展，然后向外扩散，但不是所有的区域或部门都能成为增长极，需要国家转移支付等财政手段的帮助，促使资本等要素集聚，然后通过中心带动外围的发展模式实现整体的发展。赫希曼（Hirschman，1958）的非平衡增长理论则认为优先发展模式可以带动区域优势产业的发展，形成区域经济发展的主导力量，然后通过涓流效应（trickling-down effect），促进落后地区经济增长。弗里德曼（Friedman，1966）的中心—外围理论依据一定的区域划分标准，将区域划分为中心区域与外围区域，中心区得到优先发展后，理论上会形成促进落后地区发展的扩散效应，从而实现区域差距缩小，但政府干预是必要的，提防中心区域的过度发展而激化对外围区域的虹吸效应。威廉姆森（Williamson，1965）在分析区域经济发展差距中，将收入差距的倒"U"型假说应用其中，认为区域间发展差距虽然会短期内扩大，但长期来看是会收敛的，实际上是推崇区域经济发展的市场机制作用，认为不需要政府干预作用。

事实上，经济集聚理论也是区域经济发展的重要理论基础。其中，以克鲁格曼（Krugman，1993）为代表的新经济地理理论为典型代表。该理论引入"冰山"运输成本，认为流通交易成本是区域经济发展差异的重要影响因素，可以引发经济地理差异，并进一步认为产业规模及运输成本差异可以导致空间集聚，进而影响整体产业结构及区域经济效益提升。

2. 区域环境协调发展能力基础理论

19 世纪 30 年代起，国外学者就开始对区域环境协调发展能力的研究，相关理论基础有可持续发展理论、外部性理论和资源环境承载力理论。

可持续发展（sustainable development）是人类在不断实践摸索中总结出来的理论，其最典型的定义为"既要满足当代人发展的需要又不牺牲下一代人满足他们需要的能力"（牛文元，2012）。毛汉英和陈为民（1995）指出，可持续发展理论涉及的内容要素纷繁多样，绝不是某一元素的单方面表征，而是系统性的运行状态，强调各个要素的相互协调，进而达成整体协调。同样，可持续发展是一个动态过程，是与时代发展特征相吻合的理论演化过程，不单单涉及某一个国家或某一个区域自身的协调，而是整个世界或整个宇宙的可持续进程。

外部性（externality）的概念是马歇尔（1890）在他的代表作《经济学原理》中提出的。事实上，亚当·斯密（1776）很早就对外部性进行了阐述，他论述外部性为超过个人利益以外的利益增加水平，并且这种额外利益水平具有隐蔽特性。在1920年，庇古从外部不经济出发，正式地提出了外部性理论。科斯（Coase，1960）在提出外部性的相互性基础上，试图提出通过市场手段解决外部性问题的方法。科斯则明确提出产权明晰是解决外部性的有效手段。在外部性发展过程中，马歇尔、庇古和科斯被认为是外部性理论不断发展的里程碑式人物。马歇尔提出外部经济概念，引发后人无限思考空间，庇古和科斯则是不断充实了外部性理论，使其具有一定高度。环境经济学认为经济活动存在最优污染水平，强调解决环境外部性问题需要政府与市场的相互作用。

承载力这一概念是于1921年由人类生态学学者帕克和伯吉斯确切提出的，他们认为，人类社会的发展存在五种密切相关的发展阶段，构成了整个人类社会的发展历程，他们的观点得到了大家一致认同，并由此延伸出经济发展与资源环境承载力协调问题。波尔丁（1966）首次将系统理论与方法运用于区域发展分析中，提倡可持续发展，进而替代粗放式的发展模式。莱莱和诺加德（1996）从两要素拓展到多要素，提出了协调发展理论，认为区域协调发展需要兼顾多目标的实现。在国内研究中，吕淑萍（1996）认为生态环境发展状况应该是区域协调发展需要着重考虑的因素，实现人与自然的和谐发展是区域协调发展的总体目标。刘思华（2005）认为生态环境内嵌于经济发展过程。李胜芬（2002）融合环境与经济于统一研究框架分析，认为协调发展内涵包括了经济与环境的协调发展。当然，也有学者从社会层面出发，在区域协调发展能力中考虑环境因素（徐盈之和吴海明，2010），运用DEA方法，考虑环境约束因素，对各地区协调发展能力的综合效率进行了测度，及其影响因素展开了研究。

3. 区域文化协调发展能力基础理论

我国"十三五"规划明确了创新、协调、绿色、开放、共享的发展理念。其中，协调是可持续发展的本质要求。文化的协调发展能力提升是这一理念的集中体现。区域文化协调发展是保障区域文化领域改革创新的方向标。学术界对文化协调的研究较早，亚当·斯密提出契约与承诺对于市场经济发展的重要性，换言之，市场经济的发展与延续需要文化的积淀与指导。穆勒认为信仰与法律可以很好地规范人们的经济行为，是市场经济发展的文化约束力。马歇尔则强调文化的重要性，认为文化是经济发展质量的保证。然而，众多学者对于文化因素的研究，主要还是定格在文化为经济发展的外生变量，没有真正实现文化作用的内生化。此后不少学者对文化协调做了研究，主要涵盖文化协调的重要意义、文化协调对经济协调的作用等内容（侯景新，2003），并阐述了文化协调是区域协调发展的重要内容之一，区域文化发展是区域经济发展的精神食粮。国内很多学者将区域文化协调发展能力与区域经济协调发展能力联系起来研究。蔡静和杜建国（2009）认为区域文化是区域发展的积淀，对区域人民的精神、意志力等具有重要的影响，也是深刻影响区域经济发展的内在条件。所以，区域经济发展和区域文化建设的相互结合是实现区域协调发展的重要支撑点。唐之斌（2011）认为区域文化具有历史积淀特征，区域文化的优劣对区域经济发展具有抑制或促进作用，区域协调发展能力的提升离不开区域文化的交融。何频（2006）认为文化发展是解释东西部地区发展不平衡的重要因素，西部地区市场化发展观念落后制约了发展。因此，要加强东西部文化的交融，在西部文化中注入更多市场经济发展的文化因子，实现观念转变，更加突出经济理性观念，强化市场经济的现代观念，增强创新精神，注重开发人才资本的理念，从而提升西部文化，继而促进区域协调发展。张佑林和陈朝霞（2005）以浙江经济发展模式为研究对象，发现浙江经济发展与浙江的文化创新及文化底蕴密切相关，进一步证明了文化能够通过创新效应影响经济发展，这与企业家精神培育也极为相关（吴向鹏，2007），文化要素会影响企业家选择、知识资产积累以及经济结构优化来促进经济增长。

第 *3* 章
Chapter 3

土地财政、区域协调
发展能力的制度安排
与发展趋势

3.1 相关制度安排

3.1.1 土地财政相关制度

1. 中国特有土地制度

土地制度是明确规定了土地所有、占有、开发使用及获取土地收益的法律法规的总和。中国的土地所有权是土地公有制，国家所有与集体所有并存。城市土地属于国家所有，农村与城郊土地，除规定属于国家所有外，属于集体所有，这是 1982 年《中华人民共和国宪法》里明确规定的内容[1]，随着土地制度改革推进，将土地所有权与使用权分开，为土地财政发展提供了制度保障。紧接着允许土地所有权有偿转让，及"招拍挂"制度的建立，土地市场化改革逐步形成，为地方政府获取土地收益提供了制度支撑。与此同时，1993 年《中共中央关于建立社会主义市场经济体制若干问题的决定》明确地方政府垄断土地一级市场[2]，并通过土地储备机

---

① 资料来源：中华人民共和国中央人民政府网。
② 资料来源：中共中央关于建立社会主义市场经济体制若干问题的决定［EB/OL］．人民网，1993 – 11 – 14．

构调控土地供应面积，为最大化地获取土地收益提供了可能。

2. 土地征收方面

1982 年《国家建设征用土地条例》首次规定了土地征用的主体是政府，并明确了国家进行经济、社会事业及国防建设需要时，可以对集体土地进行征用，所征用土地所有权属于国家①。1986 年修订的《中华人民共和国土地管理法》（以下简称《土地管理法》）进一步重申了国家为了公共利益需要可以征用集体土地。现有的征地补偿标准主要还是参照 2004 年修订的《土地管理法》规定实施，即土地补偿费、安置补助费之和不得超过土地被征收前 3 年平均产值的 30 倍，需要安置补助的农民需要保持原有生活水平。相比于土地市场化出让价格，征地补偿费与安置补助费远远低于土地市场化出让收益，两者之间形成了巨大的差额。虽然国家基于粮食安全考虑，对地方政府的土地征收冲动出台了限制性法规，但仍有可操作空间，如耕地占补平衡制度，地方政府只要通过土地开发、复垦与整治等方式补充了占用耕地，地方政府依旧可以转换建设用地指标，一定程度上说地方政府依然掌握着土地征收主动权。

3. 土地出让方面

改革开放初期，城市建设用地主要采取无偿划拨方式获取，使得土地配置存在"隐性市场"问题，土地倒卖现象严重。1987 年，深圳揭开了中国第一笔土地拍卖会序幕，为国有土地有偿使用提供了先例。1994 年分税制改革后，地方政府为了弥补财权与事权缺口，积极发展土地财政。1998年出台的《土地管理法实施条例》明确了地方政府是土地一级市场的唯一供应主体，并且允许地方政府通过土地储备机构调控土地供应面积，影响土地价格，最大化土地收益，并且规定地方政府取得的土地出让金收益可以作为地方财政的一部分。2006 年下发的《国务院关于加强土地调控有关问题的通知》规定了工业用地必须按照招、拍、挂方式出让②，并在 2007年上升到了法律层面，一定程度上遏制了地方政府土地财政发展势头。同

---

① 资料来源：土流网。
② 资料来源：中华人民共和国中央人民政府网。

时，《土地管理法》也明确规定了土地财政使用支出：征地与拆迁补偿支出、土地开发支出、支农支出、城市建设支出、其他支出（使用费、廉租房、国企下岗职工帮扶)[①]。从列出规定性支出可以发现，除了正常的成本支出范围外，还包括地方政府承担的职能支出，如基础设施建设与"三农"支出方面的惠利型支出，因此，土地财政是地方政府发挥其功能的重要行动资本，一定程度上成为社会财富的再分配形式。

3.1.2　分税制改革制度

分税制改革最初目的是解决包干制导致"国家能力弱化"问题，1993年《国务院关于分税制财政管理体制的决定》确定了要实施分税制改革，改革的内容包含税种重新划分与调整、中央与地方重新划分财权，分税制改革体现出财政集权特征，但事权并未做相应调整，地方政府财权上移，财政来源减少，事权不变，无形中形成了财权与事权不匹配。分税制改革将地方税源最大的增值税划为共享税，中央占75%，地方占25%，极大地削减了地方政府财政收入来源。虽然中央政府通过转移支付充实地方政府部分财政收入，但相对于事权的财政支出需求，中央政府的转移支付无法真正达到预期效果。地方政府不得不探索"第二财政"的可能性，分税制改革规定土地出让收益及相关税收归地方政府所有，属于预算外收入，顺理成章成为地方政府重点获得财政收入来源（见表3-1和表3-2）。

表3-1　　　　　　　　　中央政府与地方政府事权划分

中央政府事权	中央统筹的基本建设投资	中央级行政管理费
	外交及援外支出	地质勘探费
	国防支出	中央安排的支农支出
	中央承担的科教文卫等各项事业支出	武警经费
	中央负担的国内外债务的还本付息	中央负担的公检法支出
	中央直属企业技术改造及新产品试制费	

---

① 《中华人民共和国土地管理法》（第四次修订版）2019年版。

续表

地方政府事权	地方统筹的基本建设投资	价格补贴支出及其他支出
	城市维护及建设经费	地方武警经费及民兵事业费
	地方级行政管理费	地方支农支出
	地方公检法支出	地方承担的科教文卫等各项事业支出
	地方国有企业的技术改造及新产品试制费	

资料来源：《国务院关于分税制财政管理体制的决定》。

表 3-2　　　　　　中央政府与地方政府财权划分

中央税	共享税	地方税
车辆购置税	增值税 （中央 75% 地方 25%）	营业税
关税	除归中央的企业所得税 （中央 60% 地方 40%）	城镇土地使用税、耕地占用税、契税、土地增值税
海关代征的消费税和增值税	证券交易印花税 （中央 94% 地方 6%）	房产税
消费税	除个人存款利息的个人所得税 （中央 60% 地方 40%）	车船税
铁总、各银行总行和海洋石油企业所得税		除铁道总、各银行总行和各保险公司集中缴纳的城建税
铁道部、各银行总行和各保险公司集中缴纳的部分		除证券交易的印花税
个人存款利息、个人所得税		除海洋石油企业资源税
海洋石油企业资源税		教育费附加
铁路总公司、各银行总行和各保险公司集中缴纳的城建税		屠宰税（2006 年取消）

资料来源：《国务院关于分税制财政管理体制的决定》《国务院关于印发所得税收入分享改革方案的通知》《国务院关于明确中央与地方所得税收入分享比例的通知》。

3.1.3 政绩考核制度

中国的政绩考核制度经过数十年的发展，逐渐形成了相对完善的体系。考核主体上实行民主集中制，考核指标上围绕"德、能、勤、绩、廉"五个方面进行，其中"德、能、勤、廉"四个指标均不易量化，唯有"绩"可操作与量化，因此成为政绩考核的重点。中国对地方政府政绩考核中，主要采取目标责任制，改革开放以来，经济发展是主要工作，因此，相对应的经济发展速度与规模成为政绩考核的关键，"唯GDP"考核相应形成。面对晋升激励，地方政府有动力去发展土地财政，获取土地收益，促进区域经济社会发展。党的十八大以来，中国政绩考核制度不断完善，认识到以生产总值考核官员的弊端，出台了相关文件，要求改变此种现象，但政绩考核体系变革是系统过程，不能一蹴而就，从中国目前发展阶段与基本国情来看，以生产总值为导向的考核制度仍然会存在一段时间。

3.2 土地财政的规模与变化趋势

依据前文的土地财政概念界定及测算方法，得到狭义土地财政与广义土地财政，分别为土地财政Ⅰ与土地财政Ⅱ，具体构成为：土地财政Ⅰ以土地出让金为主要核算标准，土地财政Ⅱ在土地财政Ⅰ的基础上，加入与土地直接相关的税收收入，即土地财政Ⅱ=土地出让金+城镇土地使用税+土地增值税+耕地占用税+房产税+契税。

表3-3给出了狭义土地财政与广义土地财政分别占全国预算内财政收入的比重及趋势变化，反映了政府对土地财政的依赖程度，无论是狭义土地财政还是广义土地财政，土地财政规模都是呈现上升态势。相比土地财政Ⅱ，土地财政Ⅰ波动幅度较小，总体在20%~70%区间波动，而土地财政Ⅱ则在30%~150%区间大幅度波动。

表 3 – 3　　　　　2002～2017 年我国土地财政收入占预算内财政收入比重

年份	全国预算内财政收入（亿元）	土地财政 I 占比（%）	土地财政 II 占比（%）
2002	8531.420	28.3281377	36.2537
2003	9849.985	55.0387793	64.1825
2004	11693.370	54.8359923	65.1940
2005	14884.220	39.5305711	50.2173
2006	18303.580	44.1315016	54.8503
2007	23572.620	51.8258972	63.5147
2008	28649.790	35.8110790	48.7248
2009	32602.590	52.6937529	67.4544
2010	40613.040	67.6247726	83.7031
2011	52547.110	61.1376769	76.7968
2012	61078.300	45.9120224	62.4940
2013	69011.170	63.3887191	103.1935
2014	75876.590	45.3069562	63.5194
2015	83002.060	36.1872743	53.0795
2016	87239.350	41.7949962	59.0094
2017	91469.410	44.6516864	140.2484

资料来源：笔者根据《中国国土统计年鉴》和《中国财政统计年鉴》手工计算所得。

　　土地具有不可移动的特性，土地价值也受到区位条件、经济发展水平等影响，所以土地财政具有明显的区域特征（杜金华等，2018），因此，有必要对我国东部、中部、西部与东北地区的土地财政规模做进一步的分析。

　　表 3 - 4 给出了我国土地财政 I 占预算内收入比重及趋势变化，四大区域总体呈现东部地区土地财政 I 领先于其他三个区域，西部地区土地财政 I 最少，在 2011 年，东北地区土地财政 I 达到顶峰，其后一直处于下降趋势，而中部地区的土地财政 I 超过东部地区，并一直处于领先地位，西部地区的土地财政 I 仍然处于最低位。

表 3 - 4　　　　2002~2017 年分区域我国土地财政 I 占预算内收入比重　　单位：%

年份	东部	中部	西部	东北
2002	34. 1728	27. 4745	12. 1393	15. 7257
2003	66. 3948	46. 3572	29. 0358	26. 1169
2004	67. 1934	52. 2749	37. 7810	30. 8106
2005	42. 4396	40. 9572	30. 3113	27. 2682
2006	47. 2244	44. 0053	35. 9967	33. 8801
2007	57. 5079	50. 2276	40. 2127	41. 8456
2008	43. 2864	37. 6800	26. 4210	29. 6403
2009	64. 8911	40. 5785	34. 0779	38. 7101
2010	77. 6514	61. 5089	45. 8302	70. 0700
2011	60. 5943	61. 9097	46. 3913	79. 6408
2012	44. 3570	50. 9543	38. 7479	43. 4882
2013	63. 7796	70. 6424	48. 0756	45. 9923
2014	44. 6617	51. 1457	33. 9964	34. 3303
2015	38. 4351	41. 8413	23. 6170	22. 8801
2016	44. 3010	49. 4794	26. 6870	22. 0232
2017	46. 8571	54. 5740	28. 2775	23. 5198

资料来源：笔者根据《中国国土统计年鉴》和《中国财政统计年鉴》手工计算所得。

　　表 3 - 5 给出了我国土地财政 Ⅱ 占预算内收入比重及变化趋势，四大区域总体呈现东部地区土地财政 Ⅱ 领先于其他三个区域，西部地区土地财政 Ⅱ 最少，在 2011 年，东北地区土地财政 Ⅱ 达到顶峰，其后一直处于下降趋势，而中部地区的土地财政 Ⅱ 超过东部地区，并一直处于领先地位，西部地区的土地财政 Ⅱ 仍然处于最低位。

表 3 - 5　　　　2002~2017 年分区域我国土地财政 Ⅱ 占预算内收入比重　　单位：%

年份	东部	中部	西部	东北
2002	42. 4730	33. 8788	18. 5203	24. 4173
2003	76. 0366	53. 5862	35. 9048	35. 6583
2004	78. 2370	60. 5998	46. 1234	40. 9910
2005	53. 5535	50. 1366	37. 9528	37. 3257
2006	58. 7224	53. 2406	43. 6127	45. 0258
2007	70. 1482	60. 3311	47. 8841	53. 7209

续表

年份	东部	中部	西部	东北
2008	57. 7772	51. 6753	35. 4413	42. 7205
2009	80. 4082	54. 1321	44. 0656	55. 2269
2010	94. 3861	77. 7140	56. 3581	87. 5702
2011	77. 1304	76. 6971	56. 9740	99. 5346
2012	61. 4410	66. 6268	50. 9941	64. 9608
2013	90. 3105	88. 1441	87. 3979	67. 7962
2014	63. 2377	69. 1038	48. 8038	55. 7796
2015	55. 3679	59. 2560	38. 9476	41. 1008
2016	61. 7602	67. 1439	42. 2494	39. 6972
2017	65. 5409	73. 6550	43. 3368	41. 3335

资料来源：笔者根据《中国国土统计年鉴》和《中国财政统计年鉴》手工计算所得。

在 2011 年，无论是土地财政Ⅰ还是土地财政Ⅱ都出现了新的变化趋势，东北地区土地财政达到顶峰，中部地区土地财政超过东部地区，并一直处于领先地位，究其原因，2011 年作为我国"十二五"规划的开局之年，也是区域协调发展战略示范之年，中央政府为了深入贯彻落实区域协调发展战略，相应政策方针大力出台，全国区域协调得到有效改善，如东北地区推进经济区的发展，中部地区持续推进城市群的发展；差别化区域政策相应出台，培育区域发展级；各区域发展方式转变及结构优化。通过系列针对性的区域发展政策，促使了区域协调发展的极大发展，也促使了土地财政的区域发展格局变化。

3.3　区域协调发展战略演进

区域协调发展战略作为中国特色社会主义理论重要的一部分，伴随中国特色社会主义成长、发展。改革开放初期，党的十一届三中全会明确了"区域规划"概念，为后续协调发展提供了条件；党的十二大引出了"协调"一词，强调计划调节为主，市场调节为辅的发展方针，保证国民经济有序协调发展，为区域协调发展提供了思路；党的十三大进一步从产业结构协调要求区域分工合理和地区经济优化发展，开始出现了"区域协调发展战略"和"区域分工"两个关键词；党的十四大提出要根据自然特征和经济发展条件发展具有区域特色的经济，"区域经济"一词进入了中央文件，为后续特色区域经济发展奠定了基础；党的十五大首次基于比较优势理论，提出区域经济协调发展观点；党的十六大从区域合作与交流视角入手，再次重申区域经济协调发展；党的十六届三中全会首次提出"五个统筹"，并将"统筹区域发展"放在第二位，推动区域协调发展战略逐步走向现实；党的十七大第一次提出"要继续实施区域发展总体战略"，推动区域协调发展，逐步形成区域协调发展互动机制；党的十八大在充分肯定"五个统筹"的基础上，提出要落实"五位一体"总体布局要求，丰富了区域发展总体战略；直至党的十九大报告首次提出"区域协调发展战略"，要求建立更加有效的区域协调发展新机制。针对区域协调发展战略实施进程，制定了具体落实政策，如乡村振兴战略，指出农业农村农民问题是关系国计民生的根本性问题，必须始终把解决好"三农"问题作为全党工作的重中之重，实施乡村振兴战略，同时要求促进城乡融合发展，建立健全城乡融合发展体制机制和政策体系①（见表 3 -6）。

表 3 -6　　　　　　　　五年计划（规划）关于区域协调发展表述梳理

计划（规划）期	总体要求	具体目标
"九五" （1996 ~ 2000 年）	促进区域经济协调发展，逐步缩小地区发展差距	从"九五"开始，要更加重视支持内地的发展，实施有利于缓解差距扩大趋势的政策，并逐步加大工作力度，积极朝着缩小差距的方向努力
"十五" （2001 ~ 2005 年）	实施西部大开发战略，促进地区协调发展	实施西部大开发战略，加快中西部地区发展，合理调整地区经济布局，促进地区经济协调发展
"十一五" （2006 ~ 2010 年）	促进区域协调发展	根据资源环境承载能力、发展基础和潜力，按照发挥比较优势、加强薄弱环节、享受均等化基本公共服务的要求，逐步形成主体功能定位清晰、东中西良性互动，公共服务和人民生活水平差距趋向缩小的区域协调发展格局

① 详见党的十九大报告内容，中华人民共和国中央人民政府网。

续表

计划（规划）期	总体要求	具体目标
"十二五"（2011~2015年）	促进区域协调发展	实施区域发展总体战略和主体功能区战略，构筑区域经济优势互补、主体功能区定位清晰、国土空间高效利用、人与自然和谐相处的区域发展格局，逐步实现不同区域基本公共服务均等化
"十三五"（2016~2020年）	推动区域协调发展	以区域发展总体战略为基础，以"一带一路"建设、京津冀协同发展、长江经济带发展为引领，形成沿海沿江沿线经济带为主的纵向横向经济轴带，塑造要素有序自由流动、主体功能约束有效、基本公共服务均等、资源环境可承载的区域协调发展新格局

资料来源：张超，钟昌标. 中国区域协调发展测度及影响因素分析——基于八大综合经济区视角 [J]. 华东经济管理，2020，34（6）：64-72.

　　党的十九届四中全会通过的社会主义基本经济制度新概括表述为"公有制为主体、多种所有制经济共同发展，按劳分配为主体，多种分配方式并存和社会主义市场经济体制"[1]，这一新概括是新时代全面深化改革的根本要求，体现了社会主义基本经济制度是确保我国社会主义制度优势得到充分发挥的前提条件，是促进我国最终实现共同富裕的根本保证，还是保障我国区域协调发展的制度基础。

　　公有制为主体，多种所有制经济共同发展是实施区域协调发展战略的前提条件。公有制经济的本质在于生产资料由劳动者所共有，最大的优越性在于能不断解放和发展生产力，促进社会生产快速、协调、可持续发展。改革开放40多年来，我国取得了辉煌的成就，成为世界第二大经济体，正是由于在社会主义所有制结构上坚持公有制为主体、多种所有制共同发展，才创造了经济高速发展和社会长期稳定的中国奇迹。区域协调发展需要坚持公有制的主体地位，充分发挥社会主义制度的优越性，才能充分贯彻习近平总书记重要讲话精神，"让人民过上幸福美好的生活是我们的奋斗目标，全面建成小康社会一个民族、一个家庭、一个人都不能

---

[1]　党的十九届四中全会《中共中央关于坚持和完善中国特色社会主义制度 推进国家治理体系和治理能力现代化若干重大问题的决定》[EB/OL]. 环球网，2019-11-5.

少"①，不仅要保证不让一个贫困人口掉队，也要实现区域发展差距持续缩小，基本公共服务均等化发展。

按劳分配为主体，多种分配方式并存是实施区域协调发展的制度优势。从中国特色社会主义分配制度发展的历程看，任何时期分配制度的转变和发展必须始终与所有制结构相适应。改革开放40多年来，正是因为分配制度的发展和完善极大地调动了劳动者的生产积极性，从而推动我国实现经济高速发展。同时，居民收入在区域之间的差距明显缩小，尤其是精准扶贫取得巨大成就，绝对贫困问题得到历史性解决，中国特色社会主义分配制度不断呈现显著优势。

社会主义市场经济体制是实施区域协调发展的有力保证。中国在改革开放以来的实践中不断丰富和加深对政府与市场关系的认识，走出了一条完全不同于西方市场经济的新路，破解了政府与市场关系协调的世界性难题。中国共产党在理论创新和发展实践的规律层面总结出政府与市场的互补关系，使市场和政府共同作用于经济发展，开创出市场有效、政府有为的良好局面。二者的有机结合既可实现资源的有效配置，保持了市场经济的生机和活力，又可维持宏观经济发展和市场秩序的双重稳定；既克服了市场失灵，又避免了政府失败。在经济由高速增长转向高质量发展的新时代，必须坚持和完善社会主义市场经济体制，充分发挥市场在资源配置中的决定性作用，加快建设现代化经济体系，同时还要坚持以供给侧结构性改革为主线，更好地发挥政府作用，建设更高水平开放型经济新体制。社会主义市场经济是社会主义制度下的市场经济，它与资本主义市场经济有着本质不同，西方之乱与中国之治形成鲜明对比，不在于中国市场经济是不是真正的市场经济，而在于社会主义基本经济制度决定和确保了市场经济发展的正确方向，保障了市场经济发展的大局，正是社会主义与市场经济的有机融合，才更好地推动了市场经济的健康稳定发展。

---

① 让人民过上幸福美好的生活是我们的奋斗目标［EB/OL］. 西部经济网，2018 - 6 - 22.

3.4　区域协调发展能力测度及变动趋势

3.4.1　区域协调发展能力评价指标体系构建

改革开放初期至党的十九大，我国的区域协调发展战略演化是一个循序渐进的过程，总体上经历了区域规划、协调发展战略、区域经济、区域经济协调发展、区域发展总体战略及区域协调发展战略阶段。与区域协调发展战略演化相伴随的区域协调发展评价也明显具有时代特征，延续区域经济差异测度到区域多指标综合评价发展轨迹。国外对于"区域协调发展"概念的界定类似于区域趋同或区域收敛，更多的是集中研究经济差异，其研究方法主要有新古典经济增长模型、区域经济差异测度指数、计量经济分析方法及空间分析方法，而我国区域经济差异研究方法发展也是遵循此路径。

在区域经济差异测度方面，魏后凯（1997）、蔡昉和都阳（2000）、沈坤荣等（2002）、马栓友和于红霞（2003）、潘文卿（2010）等基于收敛或发散视角比较区域差距，国外主要用物质生活质量指数（PQLI）与人类发展指数（HDI）测度经济发展，以莫里斯和森（Sen）为代表学者；在区域协调发展多指标评价方面，刘志亭和孙福平（2005）、李兴江和唐志强（2007）、刘昭云（2010）、冯江茹和范新英（2014）、乔旭宁等（2014）等分别基于全国层面与省域范围构建区域协调发展多指标综合评价模型，并进行了实证评价。

需要特别指出的是，随着时代变迁，尤其是步入新时代，习近平总书记在 2017 年底的中央经济工作会议中明确提出，区域协调发展要实现三大目标，即基本公共服务均等化、基础设施通达程度比较均衡和人民生活水平大体相当，随即 2018 年 11 月 18 日，《中共中央国务院关于建立更加有效的区域协调发展新机制的意见》中重申了区域协调发展的这三大目标，区域协调发展客观上要求经济发展差距控制在一个合理的范围，创新驱动更多地成为经济发展动力的主要依靠，人与自然和谐共生（王继源，2019）。因此，区域协调发展评价体系也随之发生了顺应时代的变化，收入差距水平、生态环境状况、基础设施和公共服务改善等指标相应被纳入定量考察。胡志强和苗长虹（2019）基于创新、协调、绿色、开放、共享五大理念构建区域协调发展综合评价指标体系，并对全国31个省份进行了实证研究，发现省域协调发展度区域差异大，需要依据区域差异构建差别化的区域协调发展政策体系；邓宏兵和曹媛媛（2019）同样依据五大理念，从经济系统、社会系统和生态系统三个方面构建区域协调发展综合评价指标体系，对我国2012~2016年的区域协调发展绩效进行测度；王继源（2019）在遵循新时代区域协调发展目标与内容的基础上，构建了包含经济发展、公共服务、基础设施、人民生活、科技创新、生态环保六个方面的区域协调发展综合评价指标体系，对我国区域协调发展程度进行了评价。

所以，本书综合考虑前人的区域协调发展评价指标体系，着重借鉴新时代的区域协调发展指标体系，如借鉴王继源（2019）、胡志强和苗长虹（2019）、邓宏兵和曹媛媛（2019）等的研究成果，并且根据本书的研究设计做相应调整，形成能够衡量区域协调发展能力的综合评价指标体系。

1. 传统区域协调发展评价指标借鉴

区域协调发展评价是随时代脉络不断演化的，前人的研究成果为当下区域协调发展研究积淀了深厚的理论基础与借鉴价值，本书以表的形式对区域协调发展评价及技术方法进行梳理（见表3-7）。

表3-7　　　　　　　区域协调发展评价及技术方法梳理

学者名字	三级指标个数	分析方法	涉及一级指标
高志刚、王垚	36	主成分分析、层次分析	区域经济协调发展指数、区域城乡协调发展水平指数、区域环境协调发展水平指数、区域社会协调发展水平指数、区域协调能力指数
乔旭宁等	22	层次分析	经济发展水平、社会发展水平、资源环境

续表

学者名字	三级指标个数	分析方法	涉及一级指标
胡志强、苗长虹	26	熵值法、协调发展度	创新、协调、绿色、开放、共享
张佰瑞	18	均方差法	资源系统、环境系统、经济系统、社会系统
王继源	14	变异系数法	经济发展、基础设施、人民生活、科技创新、生态环保
邓宏兵、曹媛媛	29	算术平均法、耦合协调度	经济子系统、社会子系统、生态子系统
王雅洁等	23	因子分析、聚类分析	经济、社会、资源、环境
刘志亭、孙福平	35	专家咨询法、德尔菲法	能源协调度、环境协调度、经济协调度
张帅	30	层次分析、熵权法	经济、社会、环境
曾珍香等	33	主成分分析	经济子系统、社会子系统、生态子系统
冯江茹、范新英	20	均方差法	经济发展、社会进步、环境质量、资源状况
张彩霞、梁婉君	24	专家咨询法	人口系统、环境系统、资源系统、社会经济系统、外部系统
石月珍、严以新	36	集对分析	经济发展、社会发展、资源指标、环境指标
汪波、方丽	50	主成分分析、协调度	人口子系统、社会子系统、经济子系统、科技教育子系统、资源环境子系统

资料来源：笔者通过阅读大量文献后总结归纳得出。

从表 3-7 中可以发现，学者对于区域协调发展评价的指标个数与指标内容选择上并没有达成统一标准。从指标个数上看，选用指标最多的有 50 个，最少的 14 个，两者相差较大，平均选用指标个数为 28 个；从选用内容上看，主要围绕经济发展、社会发展、生态环境发展三个大的方面。前人的研究成果为本书区域内协调发展评价指标选用提供了良好的理论与实践借鉴。

2. 区域协调发展能力的评价指标体系构建原则

一是指标选取全面性原则。区域协调发展能力评价指标体系的构建是为了对中国区域协调发展能力水平与状况进行公正客观的测度与反映，所以，需要对指标选取具有全面性及代表性的掌控。其一，指标选取需要具有代表性，要能够直观反映评价对象水平特征；其二，指标选取需要考虑联动性，注重各选取指标的相互联系及内在影响。因此，区域协调发展能力指标体系的构建应该在充分把握和系统研究的基础上，考虑指标选取的全面性与代表性，同时要具有明确的科学内涵。

二是实用性与可操作性原则。实用性是指能够直观反映评价对象的现实环境特征，并能够被大众接受。所谓可操作性则是指所选指标需要能够被赋值与测度，保证定性指标与定量指标都具有明确的测度手段与方法，能够得到科学的测度值。因此，在指标选取时，需要侦查难以定量化的指标。同时，需要保证指标数据获取的权威性。

三是区域性原则。区域间的经济、社会、资源等存在较大的差异，因此，构建评价指标体系时需要充分考虑到区域差异特性，并能够合理地反映出区域差异特性。

四是动态与静态相结合的原则。区域协调发展能力是一个动态的过程，因此指标选取需要全盘考虑静态指标与动态指标的兼顾性，做到动静结合，以便更加科学、客观地反映区域内协调发展能力的全过程。

3. 区域协调发展能力评价指标体系与评价方法

习近平总书记在 2017 年底的中央经济工作会议中明确提出，区域协调发展要实现三大目标，即基本公共服务均等化、基础设施通达程度比较均衡和人民生活水平大体相当[①]。基本公共服务是对全体公民基本民生诉求满足的客观表述，范围包括公共教育、社会保险、医疗卫生等领域；基础设施作为区域经济发展的重要影响因素，也是区域协调发展需要达成的主要目标之一。基础设施水平通过贸易成本影响区域产业的空间分布，进而对区域社会福利与发展效率产生重要影响；区域协调发展战略坚持以人民为中心的思想指导，追求共享发展状态，努力解决收入差距问题，促使发展成果惠及全体人民。

本书依据习近平总书记提出的关于区域协调发展的三大目标内涵，以

---

① 资料来源：中华人民共和国中央人民政府网。

及参考前人研究成果，并做相应的调整后，形成了区域协调发展能力评价体系（见表3-8）。

表3-8　　　　　　　　　　　区域协调发展能力评价体系

目标层	准则层	指标层
区域协调发展能力评价体系	经济发展能力	各地人均 GDP（元）
		GDP 增速（%）
		R&D 经费占地区生产总值比重（%）
		每万人专利受理数（件）
	人民生活水平提升能力	农村居民家庭人均纯收入（元）
		城镇居民家庭人均可支配收入（元）
		农村居民消费水平（元）
		城市居民消费水平（元）
	公共服务均等化能力	医疗机构床位数（张/万人）
		高校在校生人数（人/万人）
		人均受教育年限（年）
		人均拥有公共图书馆藏量（册）
		人均公共服务支出（元）
	基础设施通达度能力	公路密度（公里/平方公里）
		铁路密度（公里/平方公里）
		民航客运密度（人次）
		家庭平均每百户移动电话拥有量（部）
		互联网普及率（%）
	生态环境协调能力	GDP 工业废水排放量（吨/万元）
		GDP 工业废气排放量（立方米/万元）
		GDP 工业固体废弃物产生量（吨/万元）
		环保支出占地区生产总值比重（%）
		工业固体废弃物综合利用率（%）
		城乡绿地覆盖率（%）

4. 区域协调发展能力评价指标体系内涵说明及数据来源

（1）经济发展能力指标。

该指标主要用来刻画区域经济发展状况，进而考察其对区域协调发展的显性能力与隐性潜力，为此，参考已有文献，该方面设计了 4 个子指标进行刻画与衡量（王继源，2019；邓宏兵和曹嫒嫒，2019）。其中：①人均 GDP 指标。在国内生产总值（GDP）的基础上反映人均水平特征，具体为按常住人口平均计算的 GDP。②GDP 增速。用末期国民生产总值与基期国民生产总值的比较。③R&D 投入强度。指一定时期（通常为一年）科学研究与试验发展（以下简称"R&D"）经费支出占同期 GDP 的比重。R&D 具体包含基础研究、应用研究、试验发展三类活动。④每万人专利受理数。专利受理数可以反映拥有自主知识产权的科技和设计成果情况，万人专利受理数指按年度常住人口平均计算的专利受理数。

（2）人民生活水平提升能力指标。

该指标反映城乡居民的实际消费能力与潜在消费能力，综合体现城乡居民的生活水平提升能力状况，为此，该方面设计了 4 个子指标进行刻画与衡量（张超、钟昌标，2020）。其中：①农村居民家庭人均纯收入。指农村居民的实际净收入支配能力。②城镇居民家庭人均可支配收入。指城镇居民家庭可以用来自由支配的收入。③农村居民消费水平。以农村居民消费的物质产品和劳务的数量和质量来衡量。④城市居民消费水平。以城市居民消费的物质产品和劳务的数量和质量来反映。

（3）公共服务均等化能力指标。

该指标刻画政府为社会公众提供公共物品和公共服务的状况，为此，该方面设计了 5 个子指标进行刻画与衡量（马慧敏等，2019）。其中：①医疗机构床位数。反映医疗保障公共服务能力，以万人每张为单位核算。②高校在校生人数。反映国家高等教育投入程度，人力质量培育的公共服务保障能力。③人均受教育年限。指某一特定年龄段人群接受学历教育的年限总和的平均数。教育关乎每个家庭和国家未来，是经济发展的重要支撑，也体现政府提供基本公共服务的直观能力。④人均拥有公共图书馆藏量。公共图书馆作为传播文化的重要场所，其藏量直观反映公共文化传播服务能力。⑤人均公共服务支出。基本公共服务是建立在一定共识之上，并且由政府财政提供的最基本的服务类别，主要包括基本生存服务、基本发展服务、基本环境服务、基本安全服务四个方面。

（4）基础设施通达度能力指标。

该指标刻画区域协调发展三大目标之一的基础设施通达度比较均衡状况，基础设施通达度反映了区域间进行交流与协作的机会及潜能，区域与其他邻接区域的通达性程度对区域经济发展具有显著影响。为此，该方面设计5个子指标进行刻画与衡量（张可云和裴相烨，2019）。其中：①公路密度。用单位面积或单位人所拥有的公路总里程数来表示。公路密度是区域交通基础设施发展的重要标志。②铁路密度。其承载着物资运输和旅客往来的双重使命，反映区域交通运输基础水平。③民航客运密度。反映了交通基础设施的高空发展状况，是基础设施发展进步的重要标志之一。④家庭平均每百户移动电话拥有量。反映信息基础设施的发展普及度，在经济社会越向纵深发展时，信息基础设施的完善度更加凸显出基本公共服务的时代进步性。⑤互联网普及率。指一段时期内互联网使用人口占全部人口的比重，互联网的极大普及延伸了基本公共服务的广度。

（5）生态环境协调能力指标。

鉴于人与自然和谐发展已被提上区域可持续发展的重要议程，该指标刻画区域协调发展的质量与可持续性。为此，该方面设计了6个子指标进行刻画与衡量。其中：① GDP 工业废水排放量。反映区域发展的科学技术对水环境的影响程度，是衡量区域生态发展的重要尺度之一。② GDP 工业废气排放量。反映区域发展的科学技术对大气环境的影响程度，是衡量区域生态发展的重要尺度之一。③ GDP 工业固体废弃物产生量。反映区域发展的科学技术对陆地环境的影响程度，是衡量区域生态发展的重要尺度之一。④城乡绿化覆盖率。这是指城乡各类型绿地绿化垂直投影面积占城乡总面积的比率，其高低是衡量城乡环境质量及居民生活福利水平的重要指标之一。⑤工业固体废弃物综合利用率。这是指区域范围内工业固体废弃物的综合利用效率。⑥环保支出占地区生产总值比重。这是指区域范围内环保财政支出占地区生产总值的比重，反映区域政府对环境保护的力度与能力。

评价指标体系涉及的相关数据主要来源于《中国国土资源统计年鉴》《中国统计年鉴》《中国财政统计年鉴》《中国环境统计年鉴》《中国交通统计年鉴》《中国税收统计年鉴》等，以及 EPS 数据库、中经网数据库、

WIND 数据库。

5. 区域协调发展能力评价方法与模型选择

本书选用综合评价方法测算区域协调发展能力，该方法是运用较广、适用性较强的一种评价方法。具体是根据指标标准化值和指标的权重，采用综合指数法计算区域协调发展能力的综合评价值，公式如下：

$$Y = \sum_{j=1}^{m} P_j W_j \qquad (3-1)$$

式（3-1）中，P_j 为第 j 项评价指标的标准化值，W_j 为第 j 项指标的权重。

6. 四大区域划分标准

依据国家实施的区域发展战略的区域划分标准，分区域实施发展政策。本书以中国总体以及东部、中部、西部和东北四大地带的协调发展能力水平为研究对象。具体如表3-9所示。

表 3-9　　　　　　　　　　四大区域划分

区域划分	省（区市）
东部	北京，天津，河北，上海，江苏，浙江，福建，山东，广东，海南
中部	山西，安徽，江西，河南，湖北，湖南
西部	内蒙古，广西，四川，贵州，云南，重庆，陕西，甘肃，青海，宁夏，新疆，西藏
东北	辽宁，吉林，黑龙江

3.4.2　区域协调发展能力测算分析

1. 评价过程及说明

（1）数据标准化处理。

运用综合评价方法的前提是需要对指标标准化处理和指标权重的确定。由于数据来源不同，使得指标数据没有统一的量纲，需要通过0~1标准化方法对指标进行标准化，以便对不同量纲的指标进行比较，具体计算公式为：

$$x^* = \frac{x - \mu}{\sigma} \qquad (3-2)$$

其中，μ 为所有样本数据的均值，σ 为所有样本数据的标准差；

$$x^* = \frac{x - \min}{\max - \min} \qquad (3-3)$$

其中，max 为样本数据的最大值，min 为样本数据的最小值。

（2）指标权重设定。

指标权重的确定主要采用变异系数法，此法是一种客观赋权的方法，基本做法是：在评价指标体系中，指标要取值差异越大的指标，才能更好地反映指标的差距。由于评价指标体系中的各项指标没有统一的量纲，无法直接比较差别程度，通常需要用各项指标的变异系数来测算各项指标取值的差异程度（陈百明，2002；钟文和钟昌标，2018）。各项指标的变异系数公式如下：

$$V_i = \frac{\sigma_i}{\overline{x}_i} \quad (i,1,2,\cdots,n) \qquad (3-4)$$

式（3-4）中：V_i 是第 i 项指标的变异系数，也称为标准差系数；σ_i 是第 i 项指标的标准差；$\overline{x}_i$ 是第 i 项指标的平均数。

各项指标的权重为：

$$W_i = \frac{V_i}{\sum_{i=1}^{n} V_i} \qquad (3-5)$$

（3）发展度模型构建。

设 f(x)、g(y)、h(z)、k(s)、w(p) 分别为经济发展能力、人民生活水平提升能力、公共服务均等化能力、基础设施通达度能力与生态环境协调能力的单项评价结果，其计算公式如下所示：

$$f(x) = \sum_{i=1}^{5} a_i x_i \qquad i = 1,2,3,4,5 \qquad (3-6)$$

$$g(y) = \sum_{i=1}^{5} b_j y_j \qquad j = 1,2,3,4,5 \qquad (3-7)$$

$$h(z) = \sum_{a=1}^{5} c_a z_a \qquad a = 1,2,3,4,5 \qquad (3-8)$$

$$k(s) = \sum_{b=1}^{5} d_b s_b \qquad b = 1,2,3,4,5 \qquad (3-9)$$

$$w(p) = \sum_{c=1}^{5} e_c p_c \qquad c = 1,2,3,4,5 \qquad (3-10)$$

对指标进行标准化后，形成了可比性的指标数据。于是，在此基础上构建发展度函数如下式：

$$D = \alpha f(x) + \beta g(y) + \gamma h(z) + \delta k(s) + \rho w(p) \qquad (3-11)$$

其中，α、β、γ、δ 与 ρ 分别为经济发展能力、人民生活水平提升能力、公共服务均等化能力、基础设施通达度能力与生态环境协调能力，主要由变异系数法确定。

（4）协调度模型的构建。

由锡尔系数定义可知，锡尔系数越大，则各区域间发展水平差异越大。而区域发展水平差异越大，则其协调能力水平越低。于是，设 $F_{i,t}$ 表示第 i 个地带第 t 年的综合发展水平，则第 i 个地带第 t 年的协调度可表示为：

$$C_{i,t} = 1 - F_{i,t} \qquad (3-12)$$

（5）协调发展度模型构建。

在上述分析的基础上，可知第 i 个地带第 t 年的协调发展度可表示为：

$$Cd_{i,t} = \sqrt{C_{i,t} \times D_{i,t}} \qquad (3-13)$$

2. 全国区域协调发展能力测算结果与分析

通过前文阐述的评价方法与评价模型的综合运用，最终求得了 2002～2017 年 16 年间我国 31 个省份的区域协调发展能力总评价结果及分项评价结果，具体结果如表 3 - 10 所示及文字描述。区域协调发展能力总体上呈沿海向内陆递减的趋势，其中，青海省的区域协调发展能力水平较高，究其原因，青海省的生态环境协调能力水平较高，在 2017 年中国生态文明建设省区市排行榜中，青海省的环境质量指数排名在全国第六位，而环境质量指数涉及的指标正是与本书生态环境协调能力指标相吻合，所以青海省的生态环境协调能力水平较高，从而导致青海省整体的区域协调发展能力水平较高。

（1）全国总体及四大地带经济发展能力差异的实证分析。

由表 3 - 10 中全国区域经济发展能力综合评价结果来看，2002～2017

年，全国四大地带内省际差异及地带间经济发展能力差异关系为：

$$T_{东部} > T_{中国} > T_{东北} > T_{中部} > T_{西部}$$

表 3 – 10　　　　　全国区域经济发展能力的综合评价结果

年份	东部	中部	西部	东北	中国
2002	0.073671	0.018980	0.019709	0.035571	0.038510
2003	0.070972	0.017892	0.018160	0.030290	0.036318
2004	0.078704	0.019137	0.018508	0.034063	0.039553
2005	0.079332	0.018083	0.017031	0.032753	0.038853
2006	0.085289	0.019723	0.018005	0.035134	0.041700
2007	0.084088	0.020287	0.017186	0.033796	0.040975
2008	0.094736	0.025479	0.021802	0.040756	0.047875
2009	0.088226	0.025959	0.023339	0.036576	0.046058
2010	0.083311	0.025430	0.020558	0.032437	0.042893
2011	0.090283	0.030336	0.024726	0.037690	0.048214
2012	0.087991	0.030515	0.02568	0.035883	0.047703
2013	0.084647	0.028629	0.024258	0.030133	0.045153
2014	0.092311	0.033891	0.027883	0.029838	0.050018
2015	0.092263	0.035269	0.030912	0.029241	0.051384
2016	0.088100	0.039405	0.034703	0.030450	0.052426
2017	0.076241	0.033269	0.025834	0.023193	0.043277

资料来源：根据评价指标体系测算所得。

即在经济发展能力方面，东部能力最强，远大于中国平均经济发展能力；中国平均经济发展能力略大于东北、中部与西部；西部地区经济发展能力最弱。

考察历年区域经济发展能力总体评价构成（见图 3 – 1），不难发现，东部地区的经济发展能力远远高于全国平均水平，而东北、中部与西部地区的经济发展能力略低于中国平均水平。

（2）全国总体及四大地带人民生活水平提升能力差异的实证分析。

由表 3 – 11 中全国区域人民生活水平提升能力综合评价结果来看，2002 ~ 2017 年，全国四大地带内省际差异及地带间人民生活水平能力提升差异关系为：

$$T_{东部} > T_{中国} > T_{东北} > T_{中部} > T_{西部}$$

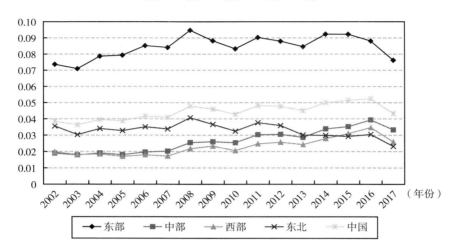

图 3 – 1　2002～2017 年全国区域经济发展能力总体评价构成

表 3 – 11　　　　全国区域人民生活水平提升能力的综合评价结果

年份	东部	中部	西部	东北	中国
2002	0.049078	0.013543	0.009329	0.017201	0.023729
2003	0.047115	0.012617	0.009816	0.014576	0.022851
2004	0.049544	0.014135	0.010326	0.013854	0.024055
2005	0.048312	0.012587	0.008813	0.015214	0.022904
2006	0.050616	0.012975	0.008081	0.015085	0.023427
2007	0.051110	0.014906	0.009384	0.016701	0.024621
2008	0.055064	0.016303	0.011911	0.020732	0.027535
2009	0.053125	0.015569	0.011398	0.021479	0.026641
2010	0.052216	0.016309	0.011661	0.020426	0.026491
2011	0.052902	0.018916	0.014616	0.023847	0.028692
2012	0.053579	0.019374	0.016153	0.024796	0.029686
2013	0.053801	0.017992	0.015795	0.025530	0.029423
2014	0.054288	0.018572	0.016037	0.023583	0.029597
2015	0.054213	0.017072	0.014419	0.021761	0.028480
2016	0.051140	0.016694	0.013975	0.017586	0.017586
2017	0.048236	0.016128	0.013301	0.016150	0.025393

资料来源：根据评价指标体系测算所得。

即在人民生活水平提升能力方面，东部能力最强，远大于中国平均人民生活水平提升能力；中国平均人民生活水平提升能力略大于东北、中部与西部；西部地区人民生活水平提升能力最弱。

考察历年区域人民生活水平提升能力总体评价构成（见图 3 – 2），不难发现，东部地区的经济发展能力远远高于中国平均水平，而东北、中部与西部地区的人民生活水平提升能力略低于中国平均水平。

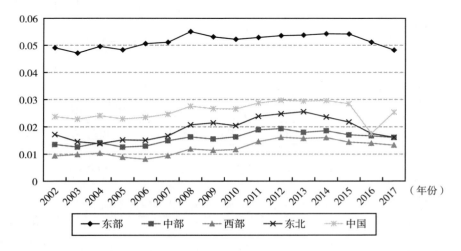

图 3 – 2 2002 ~ 2017 年全国区域人民生活水平提升能力总体评价构成

（3）全国总体及四大地带公共均等化能力差异的实证分析。

由表 3 – 12 中全国区域公共服务均等化能力综合评价结果来看，2002 ~ 2017 年，全国四大地带内省际差异及地带间公共服务均等化能力差异关系为：

$$T_{东部} > T_{东北} > T_{中国} > T_{中部} > T_{西部}$$

表 3 – 12　　　　全国区域公共服务均等化能力的综合评价结果

年份	东部	中部	西部	东北	中国
2002	0.058186	0.023404	0.032036	0.046612	0.040211
2003	0.055282	0.023047	0.032122	0.044152	0.039001
2004	0.058054	0.026072	0.033890	0.046174	0.041360
2005	0.055162	0.024609	0.031039	0.043825	0.038813
2006	0.055388	0.024039	0.031402	0.045320	0.039062

续表

年份	东部	中部	西部	东北	中国
2007	0.052400	0.023413	0.029647	0.044059	0.037175
2008	0.052786	0.024089	0.03175	0.046288	0.038460
2009	0.044522	0.018936	0.025233	0.038010	0.031473
2010	0.046615	0.023174	0.030072	0.041603	0.035189
2011	0.047214	0.020165	0.027757	0.037594	0.033516
2012	0.041004	0.020296	0.028803	0.034998	0.031692
2013	0.038829	0.020517	0.029728	0.034119	0.031306
2014	0.039825	0.021866	0.031065	0.034811	0.032473
2015	0.038451	0.020469	0.030327	0.032056	0.031207
2016	0.034907	0.018225	0.027705	0.028528	0.028528
2017	0.030875	0.016524	0.024872	0.02544	0.028151

资料来源：根据评价指标体系测算所得。

即在公共服务均等化能力方面，东部能力最强，略大于东北地区公共服务均等化能力；东北地区略大于中国平均水平；中国平均公共服务均等化能力略大于中部与西部。

考察历年区域公共服务均等化能力总体评价构成（见图3-3），不难发现，东部地区的公共服务均等化能力略高于东北地区，东北地区略大于全国平均水平，而中部与西部地区的公共服务均等化能力略低于中国平均水平。

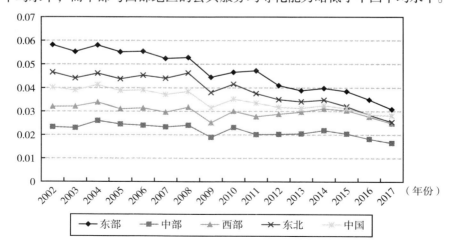

图3-3　2002~2017年全国区域公共服务均等化能力总体评价构成

（4）全国总体及四大地带基础设施通达度能力差异的实证分析。

由表 3 – 13 中全国区域基础设施通达度能力综合评价结果来看，2002 ~ 2017 年，全国四大地带内省际差异及地带间基础设施通达度能力差异关系为：

$$T_{东部} > T_{中部} > T_{东北} > T_{中国} > T_{西部}$$

表 3 – 13　　　　全国区域基础设施通达度能力的综合评价结果

年份	东部	中部	西部	东北	中国
2002	0.101752	0.049341	0.029508	0.057989	0.059407
2003	0.094380	0.052050	0.031137	0.055493	0.057943
2004	0.107999	0.055804	0.031818	0.066247	0.064367
2005	0.107258	0.058133	0.034127	0.064656	0.065318
2006	0.109435	0.066674	0.033192	0.069772	0.067807
2007	0.109404	0.063516	0.033145	0.068512	0.067045
2008	0.113815	0.067936	0.034605	0.067873	0.069827
2009	0.097542	0.064392	0.032281	0.061929	0.062417
2010	0.096601	0.062547	0.032607	0.060103	0.061706
2011	0.095240	0.062265	0.031650	0.057860	0.060625
2012	0.09410	0.063213	0.032288	0.059347	0.060831
2013	0.091727	0.060555	0.031135	0.059347	0.058828
2014	0.091491	0.062719	0.032125	0.059343	0.059831
2015	0.088796	0.059608	0.031134	0.055479	0.057601
2016	0.078429	0.056337	0.030421	0.040248	0.040248
2017	0.073778	0.053781	0.026865	0.036722	0.048162

资料来源：根据评价指标体系测算所得。

即在基础设施通达度能力方面，东部能力最强，大于中部地区基础设施通达度能力；东北地区略大于中国平均水平；西部地区基础设施通达度能力最弱，低于中国平均水平。

考察历年区域基础设施通达度能力总体评价构成（见图 3 – 4），东部地区远远高于中部、东北与中国平均水平；中部地区略高于东北地区与中国平均水平；而西部地区的基础设施通达度能力低于中国平均水平。

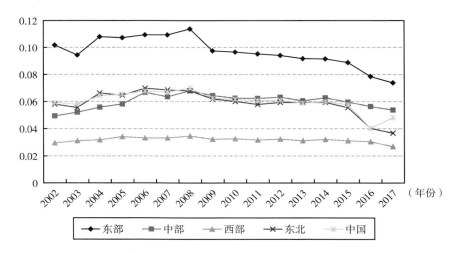

图 3－4　2002～2017 年全国区域基础设施通达度能力总体评价构成

（5）全国总体及四大地带生态环境协调能力差异的实证分析。

由表 3－14 中全国区域生态环境协调能力综合评价结果来看，2002～2017 年，全国四大地带内省际差异及地带间差异关系为：

$$T_{东部} > T_{中国} > T_{东北} > T_{中部} > T_{西部}$$

表 3－14　　　　全国区域生态环境协调能力的综合评价结果

年份	东部	中部	西部	东北	中国
2002	0.125732	0.073588	0.072535	0.086595	0.091260
2003	0.133765	0.078035	0.077399	0.092356	0.097152
2004	0.140607	0.085245	0.079476	0.098669	0.102170
2005	0.142476	0.090369	0.081847	0.098340	0.104650
2006	0.143484	0.088079	0.076254	0.095317	0.102074
2007	0.150047	0.096423	0.084183	0.108796	0.110180
2008	0.160065	0.105210	0.095709	0.112329	0.119916
2009	0.138459	0.085009	0.075869	0.095502	0.099728

续表

年份	东部	中部	西部	东北	中国
2010	0.176009	0.124821	0.114145	0.137676	0.138445
2011	0.175652	0.125601	0.114625	0.139327	0.138826
2012	0.178220	0.127586	0.115503	0.143642	0.140796
2013	0.172901	0.121912	0.111818	0.142344	0.136430
2014	0.181232	0.129286	0.117531	0.143972	0.142914
2015	0.188118	0.135445	0.124964	0.148635	0.149656
2016	0.271581	0.229120	0.206268	0.235017	0.235017
2017	0.242012	0.208770	0.189427	0.218198	0.200983

资料来源：根据评价指标体系测算所得。

即在生态环境协调能力方面，东部能力最强，略大于中国平均生态环境协调能力；中国平均生态环境协调能力略大于东北、中部与西部；西部地区生态环境协调能力最弱。

考察历年区域生态环境协调能力总体评价构成（见图3-5），不难发现，东部地区的生态环境协调能力略高于中国平均水平，而东北、中部与西部地区的生态环境协调能力略低于中国平均水平。

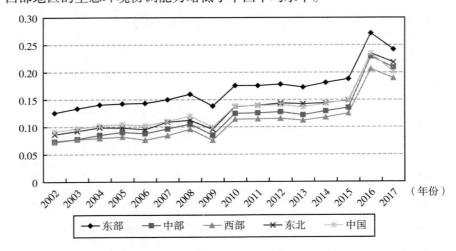

图3-5　2002~2017年全国区域生态环境协调能力总体评价构成

3.5 本章小结

本章对土地财政、区域协调发展能力的制度安排与发展趋势做了综合分析，包括了四大块内容。其一，土地财政相关制度剖析；其二，土地财政规模估算与变化趋势分析；其三，区域协调发展战略演进梳理；其四，我国区域协调发展能力的测算。具体介绍如下：

第一，土地财政相关制度剖析。重点剖析中国特有土地制度、分税制改革与绩效考核制度。中国的土地所有权是土地公有制，国家所有与集体所有并存，城市土地属国家所有，农村与城郊土地，除规定属于国家所有外，属于集体所有，将土地所有权与使用权分开，为土地财政发展提供了制度保障。同时，允许土地所有权有偿转让，及"招拍挂"制度的建立，土地市场化改革逐步形成，为地方政府获取土地收益提供了制度支撑。分税制改革体现出财政集权特征，但事权并未相应调整，地方政府财权上移，财政来源减少，事权不变，无形中形成了财权与事权不匹配，地方政府不得不探索"第二财政"的可能性。分税制改革规定土地出让收益及相关税收归地方政府所有，属于预算外收入，顺理成章成为地方政府重点捕获财政收入来源。改革开放以来，经济发展是主要工作，因此，相对应的经济发展速度与规模成为政绩考核的关键，"唯GDP"考核相应形成，面对晋升激励，地方政府有动力去发展土地财政，获取土地收益。

第二，土地财政规模估算。依据前文的土地财政概念界定及测算方法，得到狭义土地财政与广义土地财政，分别为土地财政Ⅰ与土地财政Ⅱ，并对我国 2002 ~ 2017 年 31 个省区市的土地财政规模进行了估算，以及分析了土地财政占预算内财政收入比重，以考察地方政府对土地财政的依赖程度。结果发现：无论是狭义土地财政还是广义土地财政，土地财政规模都是呈现上升态势。相比土地财政Ⅱ，土地财政Ⅰ波动幅度较小，总体在 20% ~ 70% 区间波动，而土地财政Ⅱ则在 30% ~ 150% 区间大幅度波动。

第三，区域协调发展战略演进梳理。区域协调发展战略作为中国特色社会主义理论重要的一部分，伴随中国特色社会主义成长、发展。从国家"九五"规划至"十三五"规划均有对区域协调发展的相关要求和目标，党的十九届四中全会通过的社会主义基本经济制度新概括确保我国社会主义制度优势得到充分发挥的前提条件，是促进我国最终实现共同富裕的根本保证，还是保障我国区域协调发展的制度基础。

第四，我国区域协调发展能力的测算。在综合考虑前人的区域协调发展评价指标体系基础上，着重借鉴新时代的区域协调发展指标体系，并且根据本书的研究设计做相应的调整，形成了以经济发展能力、人民生活水平提升能力、基本公共服务均等化能力、基础设施通达度能力及生态环境协调能力为主体的区域内协调发展能力评价指标体系，并运用综合评价法、变异系数法、协调发展度模型等对评价指标体系做了深入分析，最终得到了 2002~2017 年我国 31 个省区市的区域协调发展能力指数。研究发现：我国区域协调发展能力总体上呈沿海向内陆递减的趋势；结合土地财政估算结果，进一步发现，我国区域协调发展能力总体上呈沿海向内陆递减的趋势，土地财政规模呈现上升发展态势，并呈现沿海向内陆递减的趋势，土地财政与区域协调发展水平存在发展方向的一致性。

第 **4** 章
Chapter 4
地方政府的"以地生财"
与区域协调发展能力

4.1　作用机制分析

4.1.1　机制分析的逻辑主线

本书主要基于地方政府行为视角,考察财政激励下的"以地生财"与晋升激励下的"以地引资"两种土地财政发展模式引发的地方政府行为对区域协调发展能力的影响:第一,地方政府可以通过土地收益拓宽财政空间,缓解事权和财权错配,从而保持地方政府正常运转,属于财政激励范畴,但在传统的发展模型下,地方政府作为"理性经济人",它会选择重点投资城市建设、回收效应快的城市基础设施,从而形成了投资偏向的发展路径依赖,导致城乡之间或区域之间的差距扩大,对区域协调发展能力产生离心力;第二,地方政府在保持正常运转的前提下,可能还具有发展区域经济的能动性和积极性,以获得较高的中央考核评价,从而实现晋升目标,属于晋升激励,而当中央调整考核风向标后,如党的十九大强调要在兼顾公平与效率基础上进一步促进区域协调发展,以及实施城乡融合发展、乡村振兴战略等系列统筹发展政策。此时,地方政府不得不考虑改变投资策略,加大投资落后区域或农村地区的发展,形成一定的政策溢出效应，其中以基础设施溢出效应最明显，有效缓解了城乡之间与区域之间的发展差距，对区域协调发展能力产生向心力。至于土地财政对区域协调发展能力所产生的影响的大小，取决于离心力与向心力的作用反馈（见图 4 - 1）。

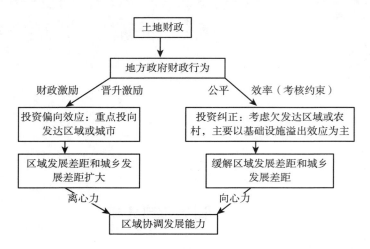

图 4 - 1 土地财政影响区域协调发展能力的逻辑主线

基于上述分析，提出本书的研究假设 1：

假设 1：基于地方政府行为视角，土地财政会通过投资偏向效应与基础设施溢出效应两条路径影响区域协调发展能力，作用大小取决于两者所形成的向心力与离心力反馈。

4.1.2 "以地生财"对区域协调发展能力的影响机制

依据前文对区域协调发展能力的定义可知，区域协调发展能力高低与实现区域协调发展三大目标的程度直接相关，实现程度越大，则区域协调发展能力越强；反之，则区域协调发展能力越弱。而"以地生财"土地财政发展模式追求最大化的土地财政收益，充实地方政府财政，以便填补地方政府财权与事权缺口，是土地财政数量获取策略。因此，本书重点关注"以地生财"土地财政模式对区域协调发展三大目标的影响，即土地财政对城乡收入差距的影响、土地财政对基本公共服务的影响与土地财政对基础设施通达度的影响，进而考察"以地生财"对区域协调发展能力的影响机制。

1. 土地财政、城乡收入差距与区域协调发展能力

土地财政对城乡收入差距的影响尚未形成统一的共识，有土地财政会扩大城乡收入差距的研究，也有土地财政会缩小城乡收入差距的结论，而比较综合客观的研究结论则是土地财政与城乡收入差距之间存在比较显著的"U"型关系（杨灿明和詹新宇，2015；杨孟禹和张可云，2016）。一方面，王猛等（2013）利用省级面板数据检验土地财政、房价波动与城乡消费差距的关系，得出地方政府对土地财政依赖的增强和房价上涨，会拉大城乡消费差距的结论。但是作用强度存在显著的区域差异，东部地区土地财政对城乡消费差距的影响小于中西部地区。王小斌和李郁芳（2014）构建了面板数据联立方程检验土地财政、城镇化与城乡收入差距的关系，发现土地财政与城镇化是驱动中国城乡收入差距的重要影响因素，但存在区域差异，整体上有利于西部省份城乡收入差距的缩小，不利于东部省份城乡收入差距改善。唐将伟和熊建华（2018）建立土地财政、房地产经济依赖与个体家庭财富效益分析逻辑，认为土地财政加剧了社会财富分配不均。另一方面，土地财政具有就业效应与经济增长效应，有助于缩小城乡收入差距。葛扬和钱晨（2014）研究得出土地出让收入对地方经济增长的持续稳健作用，认为土地出让收入整体上有利于城乡居民收入的提高。张学博（2016）通过梳理土地财政的历史轨迹，研究发现土地财政是城镇化发展的主要驱动力，并且扮演着稳定器的作用，对促进城乡就业具有不可磨灭的贡献。刘晨晖和陈长石（2017）借鉴"中心—外围"思想，检验了土地出让收入通过弥补地方财政缺口对城市间发展不平衡的影响，研究发现土地出让收入是欠发达地区利用政府投资驱动经济增长的主要财源，也是外围城市赶超中心城市的重要方式，论证了土地财政有利于区域间的协调发展。最后，更为综合客观的研究表明土地财政对城乡收入差距的影响具有不确定性。杨灿明和詹新宇（2015）通过理论分析发现土地财政对城乡居民收入差距的影响是复合型的，并实证检验出这种复合型关系呈现"U"型，进而对土地财政的发展提出了理性的政策建议。

假设 2：土地财政对城乡收入差距影响方向具有不确定性，进而延伸出土地财政与区域协调发展能力之间可能存在非线性关系。

2. 土地财政、基本公共服务与区域协调发展能力

依据新公共服务理论提倡的公民基本权利、民主法治及为公共利益服务的新公共服务模式，政府具有提供公共服务的职能，以帮助公民表达与实现共同利益为己任（张新文，2010）。该理论强调要尊重公民权利，注重要推进基本公共服务均等化发展，并在发展中国家得到普遍推广（张秀生和杨刚强，2009）。

总体而言，土地财政有利于公共服务的提升，但对于经济性公共品与非经济性公共品的提供力度存在偏向性。陈永正和董忻璐（2015）研究指出充分发展的土地财政具有倾向于公共服务供给的本质特性，认清土地财政本质是对土地财政过激批评的清醒剂。杜春林等（2015）认为土地财政是地方政府财力保障的重要来源，并对社会保障支出具有补给效应。王华春和吴丁长（2017）的研究发现无论是土地财政还是晋升激励都有利于地方福利水平的提高，土地财政为地方福利提供保障，晋升激励机制强化地方福利对土地财政的依赖。李勇刚等（2013）发现，土地财政可以显著增加经济性公共品的供给，但对非经济性公共品的供给则存在忽视问题。田传浩等（2014）利用地级市数据验证了土地财政对地方经济性公共物品供给具有显著提高作用，而对非经济性公共物品供给的增长速度影响不显著。詹国辉（2017）从理论上阐述了土地财政与公共服务产品供给之间关系，实证检验了土地财政的增加是会对基本公共服务供给产生负向外部效应。杨晨等（2017）实证发现，土地财政通过诱发地方政府的财政激励和晋升激励，会造成公共服务的结构性失衡。

假设 3：土地财政发展模式下，地方政府提供经济性公共品与非经济性公共品的力度存在偏向性，而这种提供力度偏向性影响了区域协调发展能力提升。

3. 土地财政、基础设施通达度与区域协调发展能力

城市偏向理论最先由李普（Lipton，1997）提出，该理论认为发展中国

家在经济发展初期制定的各种政策均有利于城市发展，但这些政策引起的价格扭曲严重损害了农村的福利，因而城市偏向发展模式是不公平与低效率的。中国的城市偏向理论研究也具有鲜明的特征。黄辉玲（2005）认为各级政府的绩效考核目标引发了城市偏向问题，导致各级政府在投资方向、财政资源配置、价格制定、土地资源配置等政策制定方面都倾向于城市，其中交通等基础设施具有投资见效快、收益明显等特征（傅勇和张晏，2007），一度成为各级政府扩大财政支出谋求经济发展的投资冲动产物（范子英，2015），而土地财政为各级政府的交通等基础设施投资提供了充足的财力保障（鲁元平等，2018），从而进一步强化了城市偏向问题，恶化了区域发展差距。王沛和彭颖（2016）采用空间计量模型探讨了土地财政背景下区域基础设施存量的影响因素，发现土地财政对地区基础设施存量的影响较大，并且存在区域差异性；余靖雯等（2019）认为土地财政是地方政府预算外收入的主要来源，无论是土地出让收入还是土地融资已成为地方基础设施建设的主要融资模式。一方面，土地出让收入为地方政府发展基础设施提供了资金支持；另一方面，高额的土地出让收入为土地融资提供了担保，提升了地方政府进行土地融资的信心。杜金华和陈治国（2019）研究发现土地财政不仅保证了基础设施的快速发展，也显著提高了居民对城市基础设施的评价水平，究其原因是地方政府将土地财政收入投入基础设施建设中，经济增长和城市发展得到全面发展，从而自身竞争力得到提高，居民生活便利性得到改善，提高了城市基础设施社会评价。但土地财政具有显著的城市偏向特征，使得城乡交通基础设施投资力度存在明显的差异，这也是我国城市化过程中城乡收入差距不断扩大的重要原因（吕炜和许宏伟，2015）。

　　假设 4：土地财政发展模式下，地方政府投资基础设施的区域偏向性影响了区域协调发展能力的全面提升。

4.2　研究设计

　　地方政府财政激励下的"以地生财"行为追求最大化的土地财政收

益，充实地方政府财政，以便填补地方政府财权与事权缺口，是土地财政数量获取策略。在这一过程中会深刻影响区域协调发展的三大目标，因此，本书重点关注"以地生财"土地财政模式对区域协调发展三大目标的影响，即土地财政对城乡收入差距的影响、土地财政对基本公共服务的影响与土地财政对基础设施通达度的影响。本章以 2002～2017 年全国省区市为研究样本，通过构建城乡收入差距、基本公共服务均等化与基础设施通达度三个调节变量，建立固定效应模型与调节效应模型实证检验地方政府财政激励下的"以地生财"行为对区域协调发展能力的影响及机制，并做了内生性处理与稳健性检验，以保证结果的真实性与稳定性。

4.2.1 样本选择与数据来源

为了考察地方政府财政激励下的"以地生财"行为对区域协调发展能力的影响，本章选取 2002～2017 年全国 31 个省区市为研究样本，相关数据主要来源于历年《中国国土资源统计年鉴》《中国统计年鉴》《中国财政统计年鉴》《中国环境统计年鉴》《中国交通统计年鉴》《中国税收统计年鉴》等，以及 EPS 数据库、中经网数据库、WIND 数据库。同时，本书对相关数据进行了如下处理：人均 GDP 均调整为 2000 年不变价格的水平，农村居民家庭人均纯收入、城镇居民家庭人均可支配收入、农村居民消费水平及城镇居民消费水平均按照 2000 年不变价格进行平减，固定资产投资与外商直接投资均采用 2000 年国民生产价值指数进行平减。

4.2.2 模型构建与变量选取

首先，本章构建方程式（Ⅰ）对地方政府财政激励下的"以地生财"行为影响区域协调发展能力进行基准回归分析，其次，为了验证假设 2、假设 3、假设 4，进一步构建调节效应方程式（Ⅱ）。

$$\mathrm{Rcdc}_{it} = \alpha_0 + \alpha_1 \mathrm{Lf}_{it} + \alpha_2 \mathrm{Lf}_{it}^2 + \alpha_3 \mathrm{Control}_{it} + \delta_t + \mu_i + \varepsilon_{it} \qquad (4-1)$$

$$\mathrm{Rcdc}_{it} = \beta_0 + \beta_1 \mathrm{Lf}_{it} \times \mathrm{TJ}_{it} + \beta_2 \mathrm{Lf}_{it}^2 \times \mathrm{TJ}_{it} + \beta_3 \mathrm{Control}_{it}$$
$$+ \delta_t + \mu_i + \varepsilon_{it} \tag{4-2}$$

其中，下标 i 为省份的个体，t 为年份。α_0 为常数，δ_t 为时间固定效应，μ_i 为个体固定效应，ε_{it} 为随机扰动项。

因变量：在式（4-1）和式（4-2）中，Rcdc_{it} 代表区域协调发展能力，由前文区域协调发展能力指标体系测算得到。

自变量：Lf_{it} 代表土地财政，包含土地财政 I 与土地财政 II 两类。Lf_{it}^2 代表土地财政的平方项，用于考察"以地生财"土地财政模式与区域协调发展能力之间是否存在非线性关系。

调节变量：TJ 代表调节变量，主要包括城乡居民收入差距（Gap）、基本公共服务均等化程度（Bps）及基础设施通达度（IA），其中，城乡居民收入差距用城镇家庭可支配收入与农村家庭纯收入的比值表示（杨灿明、詹新宇，2015），基本公共服务均等化用人均公共服务支出表示，基础设施通达度选取交通基础设施通达度表示（刘秉镰等，2010）。同时，为了缓解共线性问题，对调节效应方程所涉及的自变量与调节变量进行中心化处理①。

控制变量：Control 为控制变量集合，分别包含了经济发展水平（RGDP）、人力资本（HC）、城市规模（CS）、固定资产投资（Fixed）、产业结构（IS）、对外开放（FDI）、转移支付（Transfer）、城市化水平（UR）（见表4-1）。

表4-1　　　　　　　　　　　　主要变量定义

变量名称	变量符号	变量定义
因变量		
区域协调发展能力	Rcdc	主要由前文的综合评价指标体系测算得出

---

① 变量中心化处理是指将变量数据减去它的平均数之后得到的中心化变量数据，一般而言，当进行调节效应检验时，由于涉及变量交互项，如果不进行变量中心化处理而直接回归，协方差会变得很大，共线性问题严重，因此，变量中心化处理是保证正确解释交互作用的重要步骤。

变量名称	变量符号	变量定义
自变量		
土地财政	Lf	包括本书定义的两类土地财政，即土地财政Ⅰ与土地财政Ⅱ
城乡居民收入差距	Gap	以城镇家庭可支配收入与农村家庭纯收入的比值表示
基本公共服务均等化程度	Bps	以人均公共服务支出表示
基础设施通达度	IA	以交通基础设施存量水平衡量
控制变量		
经济发展水平	RGDP	以人均 GDP 核算表示
人力资本	HC	以每万人中高校在校生人数表示
城市规模	CS	以人口规模衡量
固定资产投资	Fixed	以固定资产投资占 GDP 比重衡量
产业结构	IS	以二、三产业产值占 GDP 比重衡量
对外开放	FDI	以外商直接投资额表示
转移支付	Transfer	以转移支付金额表示
城市化水平	UR	以城镇化率衡量

在实证分析中，除了需要选用正确的模型外，选择合适的回归方法也同样重要，针对本章的样本数据及模型选取，需要考虑普通 OLS 回归方法与面板数据回归方法。综合考虑样本数据包含时间跨度与区间跨度的特征，选用面板模型的双向固定效应方法可以全方位检验时间效应与个体效应，从而更加准确地剖析土地财政对区域协调发展能力的影响关系。

而在具体选用何种面板回归模型，需要借鉴 Hausman 检验综合分析固定效应模型（FE）与随机效应模型（RE）的优劣性，若 Hausman 检验原假设被接受，说明随机效应模型（RE）比固定效应模型（FE）更适合，由此类推，进而确定最终的回归模型。同时，为了缓解模型可能存在的内生性问题，一方面，本章尽可能多地纳入影响区域协调发展能力的控制变量；另一方面，在回归分析中控制时间效应和地区效应。

4.2.3　数据描述性统计

表 4 - 2 给出了主要变量的描述性统计，为了减少异方差干扰，对所有变量进行了对数处理。其中区域协调发展能力 LnRcdc 的均值为 - 1.364，最小值与最大值分别为 - 2.468 和 - 0.145，标准差为 0.474，说明不同区域的区域协调发展能力具有较大差异。土地财政Ⅰ与土地财政Ⅱ的均值分别为 5.572 和 5.892，标准差分别为 1.683 和 1.677，前者的最小值与最大值分别为 - 0.565 和 8.820，后者的最小值与最大值分别为 - 0.481 和 9.319，说明不同区域的土地财政Ⅰ与土地财政Ⅱ也存在较大差异。城乡居民收入差距的均值为 1.188，最小值与最大值分别为 0.489 和 1.930，基本公共服务均等化程度的均值为 6.551，最小值与最大值分别为 5.197 和 8.886，基础设施通达度的均值为 - 2.914，最小值与最大值分别为 - 5.659 和 - 1.304，说明城乡收入差距、基本公共服务均等化程度及基础设施通达度存在明显的区域差异特征。

表 4 - 2　　　　　　　　　　主要变量的描述性统计

变量	均值	标准差	最小值	最大值	数量
LnRcdc	- 1.364	0.474	- 2.468	- 0.145	496
LnLF1	5.572	1.683	- 0.565	8.820	496
LnLF2	5.892	1.677	- 0.481	9.319	496
LnRgdp	10.163	0.769	8.089	11.768	496
LnHC	5.189	0.472	3.450	6.326	496
LnCS	8.082	0.860	5.591	9.321	496
LnFixed	- 0.512	0.394	- 1.425	0.410	496
LnIS	- 0.137	0.080	- 0.538	0.022	496
LnFdi	7.686	1.582	3.310	11.687	496
LnTransfer	15.819	0.900	13.095	17.587	496
LnUR	3.871	0.306	2.990	4.495	496
LnGap	1.188	0.251	0.489	1.930	496
LnBps	6.551	0.551	5.197	8.886	496
LnIA	- 2.914	0.943	- 5.659	- 1.304	496

资料来源：由 Stata 软件对收集整理的面板数据集分析所得。

控制变量方面，同样存在较大的区域差异，总体而言，变量间的区域差异有助于回归模型的检验，进一步有利于提升研究价值。

进一步对主要变量做相关性分析发现，区域内协调发展能力 LnRcdc 与土地财政Ⅰ LnLF1 在 1% 水平上显著负相关，与土地财政Ⅱ LnLF2 在 1% 水平上显著正相关。

控制变量中，所有变量都与区域协调发展能力 LnRcdc 在 1% 的水平上显著相关，说明引入的控制变量基本恰当。另外，除区域协调发展能力与各自变量相关外，其他变量之间也存在一定程度的相关性，但相关系数不是特别大，说明变量之间不存在严重的多重共线性。

4.3 实证结果分析

4.3.1 全样本回归分析

1. "以地生财"影响区域协调发展能力的基准回归

依据本章回归方程（Ⅰ）表达式，以 2002～2017 年全国 31 个省、直辖市、自治区为研究样本，进行基准回归。表 4-3 是运用普通面板数据回归模型的基准回归结果，其中第（1）、第（2）列是土地财政Ⅰ对区域协调发展能力的回归结果，第（1）列为没有加入控制变量的回归结果，第（2）列包含控制变量的回归结果。在第（1）列中，土地财政Ⅰ变量 LnLF1 的系数为 0.145 且在 1% 的水平上显著，说明土地财政Ⅰ对区域协调发展能力具有积极影响。在第（2）列中，土地财政Ⅰ变量 LnLF1 的系数为 0.006 且在 10% 的水平上显著，说明加入控制变量后，土地财政Ⅰ依然对区域协调发展能力具有积极影响。第（3）、第（4）列是土地财政Ⅱ对区域协调发展能力的回归结果，第（3）列为没有加入控制变量的回归结果，第（4）列包含控制变量的回归结果。在第（3）列中，土地财政Ⅱ变量 LnLF2 的系数为 0.145 且在 1% 的水平上显著，说明土地财政Ⅱ有利于区域协调发展能力的发展。在第（4）列中，土地财政Ⅱ变量 LnLF2 的系数为 0.001 且在 10% 的水平上显著，说明加入控制变量后，土地财政 Ⅱ 仍然有利于区域协调发展能力的发展。

表 4 - 3　　　　　　　　　　　　　　基准回归结果

解释变量	（1）	（2）	（3）	（4）
C	- 2. 170 *** (- 14. 530)	- 3. 647 *** (- 3. 760)	- 2. 218 *** (- 12. 670)	- 3. 722 *** (- 3. 940)
LnLF1	0. 145 *** (5. 390)	0. 006 * (0. 200)		
LnLF2			0. 145 *** (4. 910)	0. 001 * (0. 070)
LnRgdp		0. 383 *** (3. 130)		0. 389 *** (3. 050)
LnHC		0. 331 *** (4. 750)		0. 335 *** (4. 940)
LnCS		0. 035 * (1. 300)		0. 412 (0. 410)
LnFixed		- 0. 330 *** (- 3. 740)		- 0. 326 *** (- 3. 710)
LnIS		0. 102 (0. 260)		0. 102 * (0. 260)
LnFdi		0. 056 (1. 240)		0. 058 (1. 280)
LnTransfer		0. 200 *** (3. 010)		0. 201 * (3. 000)
LnUR		- 0. 275 (- 0. 820)		- 0. 278 (- 0. 860)
调整 R^2	0. 263	0. 704	0. 263	0. 704
观测值	496	496	496	496

注: ***、**、*分别表示 1%、5% 和 10% 的显著水平。

在第（2）、第（4）列中，多数控制变量与区域协调发展能力变量显著相关，说明了本章选取控制变量的恰当性。通过基准回归可以发现，无论是土地财政 Ⅰ 还是土地财政 Ⅱ，它们总体上对区域协调发展能力具有积极影响。

2. "以地生财"与区域协调发展能力非线性关系检验

为了进一步探究土地财政与区域协调发展能力的非线性关系，本章在回归方程（I）中加入了土地财政变量的平方项进行回归，回归分析结果如表4-4所示，其中第（5）、第（6）列为检验土地财政 I 与区域协调发展能力非线性关系的回归结果。第（5）列为面板固定效应 FE 的回归结果，第（6）列为面板随机效应 RE 的回归结果。第（5）、第（6）列的 Hausman 检验值在 1% 的水平上显著，说明 FE 模型比 RE 模型更合适，因此，应该选择固定效应 FE 模型进行分析。FE 模型第（5）列中，土地财政 I 变量 LnLF1 的系数为 -0.074 且在 5% 的水平上显著，土地财政 I 变量的平方项 LnLF1^2 的系数为 0.006 且在 5% 的水平上显著，说明土地财政 I 对区域协调发展能力的影响是非线性的，具体呈 "U" 型，其拐点值为 6.167，也就是说，当 LnLF1 < 6.167 时，土地财政不利于区域协调发展能力的发展；当 LnLF1 ≥ 6.167 时，土地财政有利于区域协调发展能力的发展。

表4-4　　　　"以地生财"与区域协调发展能力非线性关系检验结果

解释变量	(5) FE	(6) RE	(7) FE	(8) RE
C	1.915 * (1.030)	-3.777 *** (-6.250)	1.930 (1.030)	-3.820 *** (-5.850)
LnLF1	-0.074 ** (-2.000)	-0.090 ** (-2.480)		
LnLF1^2	0.006 ** (1.990)	0.010 *** (3.160)		
LnLF2			-0.068 * (-1.520)	-0.108 ** (-2.570)
LnLF2^2			0.006 * (0.076)	0.011 *** (3.250)
LnRgdp	0.191 ** (2.160)	0.302 *** (4.220)	0.189 ** (2.120)	0.302 *** (4.150)
LnHC	0.141 ** (2.490)	0.288 *** (5.470)	0.136 ** (2.380)	0.293 *** (5.590)

续表

解释变量	（5） FE	（6） RE	（7） FE	（8） RE
LnCS	− 0. 601 *** （ − 2. 820）	0. 124 ** （2. 490）	− 0. 600 ** （ − 2. 800）	0. 134 *** （2. 630）
LnFixed	0. 025 （0. 400）	− 0. 154 *** （ − 2. 640）	0. 024 （0. 380）	− 0. 148 ** （ − 2. 540）
LnIS	0. 205 （0. 810）	− 0. 019 （ − 0. 080）	0. 183 （0. 730）	− 0. 011 （ − 0. 050）
LnFdi	− 0. 122 *** （ − 3. 690）	− 0. 004 （ − 0. 160）	− 0. 121 *** （ − 3. 660）	− 0. 004 （ − 0. 160）
LnTransfer	0. 048 * （0. 700）	0. 243 *** （5. 650）	0. 053 * （0. 770）	0. 245 * （5. 710）
LnUR	0. 218 * （0. 970）	0. 207 * （1. 580）	0. 237 * （1. 060）	0. 222 * （1. 700）
year	yes	yes	yes	yes
area	yes	yes	yes	yes
Hausman 检验	110. 220 ***		109. 180 ***	
"U" 型拐点	6. 167		4. 909	
调整 R^2	0. 510	0. 700	0. 433	0. 702
观测值	496	496	496	496

注： *** 、 ** 、 * 分别表示1% 、5% 和10% 的显著水平。

第（7）、第（8）列为土地财政 Ⅱ 与区域协调发展能力非线性关系的回归结果，其中第（7）、第（8）列的 Hausman 检验值在1% 的水平上显著，说明 FE 模型比 RE 模型更适合，因此，应该选择固定效应 FE 模型进行分析。FE 模型第（7）列中，土地财政 Ⅱ 变量 $LnLF^2$ 的系数为 − 0. 068 且在10% 的水平上显著，土地财政 Ⅱ 变量的平方项 $LnLF2^2$ 的系数为 0. 006 且在10% 的水平上显著，说明土地财政 Ⅱ 对区域协调发展能力的影响是非线性的，具体呈 "U" 型，其拐点值为 4. 904，也就是说，当 LnLF2 < 4. 904 时，土地财政不利于区域协调发展能力的发展；当 LnLF2 ≥ 4. 904 时，土地财政有利于区域协调发展能力的发展。

在两个 FE 模型第（5）、第（7）列中，多数控制变量与区域协调发展能力变量显著相关，说明了本章选取控制变量的恰当性。经过模型回归检验，无论是土地财政Ⅰ还是土地财政Ⅱ，它们与区域协调发展能力的关系均是非线性的，呈现"U"型。可能的原因是，分税制改革初期，尤其是1994~2003年，在财政分权体制下，地方政府的财权与事权极度不匹配，促使地方政府广泛获取土地财政收入以缓解地方财政压力，而在土地财政收入获取与区域经济发展的循环周期中，地方政府获取的土地财政收入的支出结构具有明显的投资偏向，表现为重城市轻农村、重经济型公共服务供给轻福利型公共服务供给等一系列投资偏向问题，其目的在于提高土地财政获取环境，进一步提升核心区域的土地资源价值，从而逐渐形成了区域协调发展的恶性循环，不利于区域协调发展能力的提升；自2003年至今，区域发展差距持续扩大、地区收入差距不断恶化和经济空间非均衡分布等一系列问题的出现，呼吁公平与效率发展的倡议被提上议程，党的十六届三中全会率先提出"五个统筹"发展战略，其中区域协调发展战略属于"五个统筹"之一，着实体现了国家为解决区域发展问题的决心与信心，在党的十九大报告中，习近平总书记再次重申区域协调发展战略，并赋予了其时代发展特征，国家并出台了《中共中央 国务院关于建立更加有效的区域协调发展新机制的意见》①，说明在新时代下，区域发展问题仍然是关乎国计民生的大事，也是新时代需要解决的社会主要矛盾的题中之义，因此，在国家区域协调发展战略的有序推进下，地方政府高度重视并积极融入区域协调发展战略中，及时纠正土地财政收入的投资偏向，认真贯彻落实效率与公平的区域发展格局，所以区域协调发展能力得到极大提高。因此土地财政对区域协调发展能力的影响呈现"U"型。

3. "以地生财"对区域协调发展能力影响的调节效应回归

表4-5与表4-6是调节效应回归方程式（Ⅱ）的回归结果。其中，表4-5是土地财政Ⅰ对区域协调发展能力影响的调节效应回归结果，其

---

① 《中共中央国务院关于建立更加有效的区域协调发展新机制的意见》于2018年11月18日出台，目的在于全面落实区域协调发展战略各项任务，促进区域协调发展向更高水平和更高质量迈进。

中，第（9）、第（10）列是城乡居民收入差距对土地财政影响区域协调发展的调节效应模型回归结果。第（9）与第（10）列的 Hausman 检验值在 1% 的水平上显著，说明 FE 模型比 RE 模型更适合，因此，应该选择固定效应 FE 模型进行分析。FE 模型第（9）列中，土地财政 I 变量 LnLF1 与城乡居民收入差距变量 LnGap 的交互项系数为 − 0.094 且在 1% 的水平上显著，土地财政 I 变量的平方项 LnLF1^2 与城乡居民收入差距变量 LnGap 的交互项系数为 0.010 且在 1% 的水平上显著，说明城乡居民收入差距对土地财政 I 影响区域协调发展能力的调节效应是非线性的，具体呈"U"型，其拐点值为 4.700，也就是说，当 LnLF1 < 4.700 时，城乡居民收入差距对土地财政影响区域协调发展能力具有负向调节效应，当 LnLF1 ≥ 4.700 时，城乡居民收入差距对土地财政影响区域协调发展能力具有正向调节效应，从而验证了假设 2。

表 4 − 5　　　"以地引财"对区域协调发展能力调节效应回归结果

解释变量	(9) FE	(10) RE	(11) FE	(12) RE	(13) FE	(14) RE
C	− 11.907 *** (− 2.820)	− 14.211 *** (− 6.410)	− 11.527 *** (− 2.800)	− 14.339 *** (− 6.710)	− 9.142 ** (− 2.320)	− 13.511 *** (− 6.510)
LnRgdp	2.384 *** (3.910)	2.626 *** (5.660)	2.261 *** (3.840)	2.537 *** (5.650)	1.916 *** (3.440)	2.432 *** (5.560)
LnHC	0.112 * (1.810)	0.260 *** (4.830)	0.065 * (1.110)	0.197 *** (3.670)	0.053 * (0.920)	0.156 *** (3.040)
LnCS	0.022 (0.090)	0.163 *** (3.470)	− 0.051 (− 0.200)	0.158 *** (3.300)	− 0.104 (− 0.410)	0.158 *** (3.300)
LnFixed	0.011 (0.180)	− 0.217 *** (− 3.810)	0.041 (0.660)	− 0.021 *** (− 3.550)	0.023 (0.370)	− 0.194 *** (− 3.390)
LnIS	0.101 (0.410)	− 0.038 (− 0.170)	0.089 (0.360)	− 0.071 (− 0.310)	0.059 (0.240)	− 0.058 (− 0.260)
LnFdi	− 0.121 *** (− 3.710)	− 0.025 (− 0.940)	− 0.115 *** (− 3.530)	− 0.015 (− 0.560)	− 0.118 *** (− 3.600)	− 0.031 * (− 1.150)
LnTransfer	0.150 ** (2.140)	0.296 *** (6.920)	0.119 * (1.670)	0.291 *** (6.590)	0.138 ** (1.960)	0.290 *** (6.670)

续表

解释变量	(9) FE	(10) RE	(11) FE	(12) RE	(13) FE	(14) RE
LnUR	−0.156 (−0.070)	−0.006 (−0.050)	0.099 *** (0.450)	0.150 * (1.130)	0.142 (0.640)	0.150 * (1.150)
LnLF1 × LnGap	−0.094 *** (−3.950)	−0.123 *** (−5.790)				
LnLF1² × LnGap	0.010 *** (3.970)	0.014 *** (5.560)				
LnLF1 × LnBps			−0.021 *** (−3.550)	−0.020 *** (−3.540)		
LnLF1² × LnBps			0.002 *** (3.490)	0.002 *** (4.140)		
LnLF1 × LnIA					0.024 *** (3.500)	0.035 *** (5.160)
LnLF1² × LnIA					−0.002 ** (−2.190)	−0.004 *** (−3.480)
year	yes	yes	yes	yes	yes	yes
area	yes	yes	yes	yes	yes	yes
Hausman 检验	93.330 ***		96.960 ***		83.640 ***	
"U" 型拐点 1	11.352		11.776		12.283	
"U" 型拐点 2	4.700		5.250		6.000	
调整 R²	0.420	0.718	0.326	0.698	0.495	0.710
观测值	496	496	496	496	496	496

注：***、**、* 分别表示1%、5%和10%的显著水平。

表4－6　　　　　　土地财政Ⅱ与区域协调发展能力检验结果

解释变量	(15) FE	(16) RE	(17) FE	(18) RE	(19) FE	(20) RE
C	−11.534 *** (−2.710)	−14.211 *** (−6.410)	−11.746 *** (−2.810)	−14.642 *** (−6.820)	−9.102 ** (−2.300)	−13.485 *** (−6.530)
LnRgdp	2.324 *** (3.770)	2.658 *** (5.740)	2.282 *** (3.820)	2.592 *** (5.750)	1.898 *** (3.400)	2.446 *** (5.620)
LnHC	0.111 * (1.760)	0.264 *** (4.940)	0.064 * (1.080)	0.197 *** (3.700)	0.053 (0.900)	0.145 *** (2.810)

续表

解释变量	(15) FE	(16) RE	(17) FE	(18) RE	(19) FE	(20) RE
LnCS	0.015 (0.060)	0.164 ** (3.490)	−0.039 (−0.150)	0.162 *** (3.370)	−0.096 (−0.370)	0.158 *** (3.310)
LnFixed	0.008 (0.140)	−0.220 *** (−3.870)	0.041 (0.670)	−0.165 ** (−2.850)	0.021 (0.330)	−0.192 *** (−3.350)
LnIS	0.068 (0.270)	−0.017 (−0.08)	0.065 (0.26)	−0.067 (−0.30)	0.042 (0.017)	−0.048 (−0.210)
LnFdi	−0.119 *** (−3.630)	−0.027 (−1.030)	−0.114 *** (−3.480)	−0.016 (−0.590)	−0.117 *** (−3.570)	−0.037 * (−1.350)
LnTransfer	0.156 ** (2.210)	0.300 *** (7.050)	0.119 * (1.650)	0.291 *** (6.570)	0.142 ** (2.000)	0.292 *** (6.730)
LnUR	0.007 (0.030)	−0.012 (−0.090)	0.114 (0.520)	0.167 * (1.270)	0.163 (0.740)	0.179 * (1.380)
$LnLF2 \times LnGap$	−0.090 *** (−3.610)	−0.130 *** (−5.960)				
$LnLF2^2 \times LnGap$	0.010 *** (3.800)	0.014 *** (5.720)				
$LnLF2 \times LnBps$			−0.022 *** (−3.200)	−0.023 *** (−3.630)		
$LnLF2^2 \times LnBps$			0.002 *** (3.400)	0.002 *** (4.310)		
$LnLF2 \times LnIA$					0.025 *** (3.38)	0.037 *** (5.32)
$LnLF2^2 \times LnIA$					−0.002 ** (−2.29)	−0.004 *** (−3.68)
year	yes	yes	yes	yes	yes	yes
area	yes	yes	yes	yes	yes	yes
Hausman 检验	93.090 ***		95.370 ***		79.550 ***	
"U"型拐点 1	11.392		11.763		11.863	
"U"型拐点 2	4.500		5.500		6.250	
调整 R^2	0.329	0.721	0.319	0.701	0.411	0.712
观测值	496	496	496	496	496	496

注：***、**、*分别表示1%、5%和10%的显著水平。

第（11）、第（12）列的 Hausman 检验值在 1% 的水平上显著，说明 FE 模型比 RE 模型更适合，因此，应该选择固定效应 FE 模型进行分析。FE 模型第（11）列中，土地财政 I 变量 LnLF1 与基本公共服务均等化变量 LnBps 的交互项系数为 -0.021 且在 1% 的水平上显著，土地财政 I 变量的平方项 $LnLF1^2$ 与基本公共服务均等化变量 LnBps 的交互项系数为 0.002 且在 1% 的水平上显著，说明基本公共服务均等化程度对土地财政 I 影响区域协调发展能力的调节效应是非线性的，具体呈 "U" 型，其拐点值为 5.250，也就是说，当 LnLF1 < 5.250 时，基本公共服务均等化程度对土地财政影响区域协调发展能力具有负向调节效应；当 LnLF1 ≥ 5.250 时，基本公共服务均等化程度对土地财政影响区域协调发展能力具有正向调节效应，从而验证了假设 3。

第（13）、第（14）列的 Hausman 检验值在 1% 的水平上显著，说明 FE 模型比 RE 模型更适合，因此，应该选择固定效应 FE 模型进行分析。FE 模型第（13）列中，土地财政 I 变量 LnLF1 与基础设施通达度变量 LnIA 的交互项系数为 0.024 且在 1% 的水平上显著，土地财政 I 变量的平方项 $LnLF1^2$ 与基础设施通达度变量 LnIA 的交互项系数为 -0.002 且在 1% 的水平上显著，说明基础设施通达度对土地财政 I 影响区域协调发展能力的调节效应是非线性的，具体呈倒 "U" 型，其拐点值为 6.000，也就是说，当 LnLF1 < 6.000 时，基础设施通达度对土地财政影响区域协调发展能力具有正向调节效应；当 LnLF1 ≥ 6.000 时，基础设施通达度对土地财政影响区域协调发展能力具有负向调节效应，从而验证了假设 4。

表 4 - 6 是土地财政 II 对区域协调发展能力影响的调节效应回归结果，其中，第（15）、第（16）列是城乡居民收入差距对土地财政影响区域协调发展的调节效应模型回归结果。第（15）列与第（16）列的 Hausman 检验值在 1% 的水平上显著，说明 FE 模型比 RE 模型更适合，因此，应该选择固定效应 FE 模型进行分析。FE 模型第（15）列中，土地财政 II 变量 LnLF2 与城乡居民收入差距变量 LnGap 的交互项系数为 -0.090 且在 1% 的水平上显著，土地财政 II 变量的平方项 $LnLF2^2$ 与城乡居民收入差距变量

LnGap 的交互项系数为 0.010 且在 1% 的水平上显著，说明城乡居民收入差距对土地财政Ⅱ影响区域协调发展能力的调节效应是非线性的，具体呈"U"型，其拐点值为 4.500，也就是说，当 LnLF1 < 4.500 时，城乡居民收入差距对土地财政影响区域协调发展能力具有负向调节效应；当 LnLF1 ≥ 4.500 时，城乡居民收入差距对土地财政影响区域协调发展能力具有正向调节效应，从而验证了假设 2。

第（17）、第（18）列的 Hausman 检验值在 1% 的水平上显著，说明 FE 模型比 RE 模型更适合，因此，应该选择固定效应 FE 模型进行分析。FE 模型第（17）列中，土地财政Ⅱ变量 LnLF2 与基本公共服务均等化变量 LnBps 的交互项系数为 −0.022 且在 1% 的水平上显著，土地财政Ⅱ变量的平方项 $LnLF2^2$ 与基本公共服务均等化变量 LnBps 的交互项系数为 0.002 且在 1% 的水平上显著，说明基本公共服务均等化程度对土地财政Ⅱ影响区域协调发展能力的调节效应是非线性的，具体呈"U"型，其拐点值为 5.500，也就是说，当 LnLF1 < 5.500 时，基本公共服务均等化程度对土地财政影响区域协调发展能力具有负向调节效应；当 LnLF1 ≥ 5.500 时，基本公共服务均等化程度对土地财政影响区域协调发展能力具有正向调节效应，从而验证了假设 3。

第（19）、第（20）列的 Hausman 检验值在 1% 的水平上显著，说明 FE 模型比 RE 模型更适合，因此，应该选择固定效应 FE 模型进行分析。FE 模型第（19）列中，土地财政Ⅱ变量 LnLF2 与基础设施通达度变量 LnIA 的交互项系数为 0.025 且在 1% 的水平上显著，土地财政Ⅱ变量的平方项 $LnLF2^2$ 与基础设施通达度变量 LnIA 的交互项系数为 −0.002 且在 5% 的水平上显著，说明基础设施通达度对土地财政Ⅱ影响区域协调发展能力的调节效应是非线性的，具体呈倒"U"型，其拐点值为 6.250，也就是说，当 LnLF1 < 6.250 时，基础设施通达度对土地财政影响区域协调发展能力具有正向调节效应；当 LnLF1 ≥ 6.250 时，基础设施通达度对土地财政影响区域协调发展能力具有负向调节效应，从而验证了假设 4。

4.3.2 分区域回归分析

1. 区域异质性检验基准回归

以上研究是从全国层面考察"以地生财"对区域协调发展能力的影响效应及实现路径，但我国幅员辽阔，区域差异大，各个地区的"以地生财"对区域协调发展能力的影响也不尽相同。因此，本章进一步研究，依据国家统计局的划分标准，把我国 31 个省份按照东部、中部和西部划分，以考察各个区域的土地财政对区域内协调发展能力的影响效应，其中东部地区包括北京、天津、河北、辽宁、上海、江苏、浙江、福建、山东、广东、海南 11 个省、自治区、直辖市；中部地区包括山西、吉林、黑龙江、安徽、江西、河南、湖北、湖南 8 个省、自治区，西部地区包括四川、重庆、贵州、云南、广西、西藏、陕西、甘肃、内蒙古、宁夏、青海、新疆12 个省、自治区、直辖市。

表 4-7、表 4-8 是运用普通面板数据回归模型的基准回归结果。在表 4-7 中，第（21）、第（22）列是东部地区土地财政 I 对区域协调发展能力的回归结果，第（21）列为没有加入控制变量的回归结果，第（22）列为加入控制变量的回归结果。在第（21）列中，土地财政 I 变量 LnLF1 的系数为 0.143 且在 1% 水平上显著，说明东部地区土地财政 I 对区域协调发展能力具有积极影响。在第（22）列中，土地财政 I 变量 LnLF1 的系数为 0.024 且在 10% 水平上显著，说明东部地区土地财政 I 对区域协调发展能力具有积极影响。第（23）、第（24）列是中部地区土地财政 I 对区域协调发展能力的回归结果，第（23）列为没有加入控制变量的回归结果，第（24）列为加入控制变量的回归结果。在第（23）列中，土地财政 I 变量 LnLF1 的系数为 0.144 且在 1% 的水平上显著，说明中部地区土地财政 I 有利于区域协调发展能力的发展。在第（24）列中，土地财政 I 变量 LnLF1 的系数为 -0.008 但不显著，说明中部地区土地财政 I 不利于区域协调发展能力的发展，但结果不显著。第（25）、第（26）列是西部地区土地财政 I 对区域协调发展能力的回归结果，第（25）列为没有加入控

制变量的回归结果，第（26）列为加入控制变量的回归结果。在第（25）列中，土地财政 I 变量 LnLF1 的系数为 0.147 且在 1% 的水平上显著，说明西部地区土地财政 I 有利于区域协调发展能力的发展。在第（26）列中，土地财政 I 变量 LnLF1 的系数为 -0.017 但不显著，说明西部地区土地财政 I 不利于区域协调发展能力的发展，但结果不显著。

表4-7　　　　　　　　　土地财政 I 分区域基准回归

解释变量	东部		中部		西部	
	（21）	（22）	（23）	（24）	（25）	（26）
C	-2.121 *** （-15.320）	-3.729 *** （-3.430）	-2.116 *** （-13.750）	-2.661 * （-1.530）	-2.242 *** （-10.510）	-3.983 *** （-2.840）
LnLF1	0.143 *** （5.140）	0.024 * （0.730）	0.144 *** （4.490）	-0.008 （-0.180）	0.145 *** （3.970）	-0.017 （-0.440）
LnRgdp		0.329 ** （2.520）		0.379 ** （2.260）		0.419 *** （3.120）
LnHC		0.303 *** （2.990）		0.362 *** （5.250）		0.357 *** （3.050）
LnCS		-0.006 （-0.070）		0.039 （0.330）		0.094 （0.790）
LnFixed		-0.346 ** （-2.500）		-0.315 * （-1.870）		-0.221 ** （-2.070）
LnIS		-0.134 （-0.340）		0.970 * （1.970）		-0.234 （-0.320）
LnFdi		0.056 （1.140）		0.080 * （1.430）		0.056 （0.830）
LnTransfer		0.172 ** （2.290）		0.237 * （1.770）		0.217 *** （3.610）
LnUR		-0.136 （-0.390）		-0.413 （-1.150）		-0.344 （-0.790）
调整 R^2	0.247	0.717	0.237	0.763	0.309	0.651
观测值	176	176	128	128	192	192

注：***、**、* 分别表示 1%、5% 和 10% 的显著水平。

表 4 - 8　　　　　　　　　　　土地财政Ⅱ分区域基准回归

解释变量	东部		中部		西部	
	（33）	（34）	（35）	（36）	（37）	（38）
C	− 2. 178 *** （ − 13. 560）	− 3. 715 *** （ − 3. 190）	− 2. 182 *** （ − 12. 260）	− 2. 847 * （ − 1. 520）	− 2. 273 *** （ − 9. 660）	− 4. 187 *** （ − 3. 320）
LnLF2	0. 145 *** （4. 850）	0. 021 （0. 530）	0. 147 *** （4. 270）	− 0. 021 （ − 0. 390）	0. 142 *** （3. 740）	− 0. 027 （ − 0. 620）
LnRgdp		0. 333 ** （2. 440）		0. 391 ** （2. 300）		0. 428 *** （3. 090）
LnHC		0. 310 *** （3. 070）		0. 367 *** （5. 670）		0. 359 *** （3. 100）
LnCS		− 0. 002 （ − 0. 020）		0. 050 （0. 430）		0. 103 （0. 940）
LnFixed		− 0. 341 ** （ − 2. 500）		− 0. 307 * （ − 1. 820）		− 0. 213 * （ − 2. 020）
LnIS		− 0. 123 （ − 0. 310）		0. 968 * （1. 910）		− 0. 298 （ − 0. 420）
LnFdi		0. 058 （1. 180）		0. 084 * （1. 520）		0. 059 （0. 850）
LnTransfer		0. 176 ** （2. 310）		0. 236 * （1. 750）		0. 216 *** （3. 550）
LnUR		− 0. 151 （ − 0. 440）		− 0. 413 （ − 1. 190）		− 0. 342 （ − 0. 800）
调整 R^2	0. 253	0. 717	0. 239	0. 763	0. 302	0. 652
观测值	176	176	128	128	192	192

注：*** 、** 、* 分别表示1%、5%和10%的显著水平。

在表 4 - 8 中，第（33）、第（34）列是东部地区土地财政Ⅱ对区域协调发展能力的回归结果，第（33）列为没有加入控制变量的回归结果，第（34）列为加入控制变量的回归结果。在第（33）列中，土地财政Ⅱ变量 LnLF2 的系数为 0. 145 且在 1% 的水平上显著，说明东部地区土地财政Ⅱ对区域协调发展能力具有积极影响。在第（34）列中，土地财政Ⅱ变量 Ln-LF2 的系数为 0.021 但不显著，说明东部地区土地财政Ⅱ对区域协调发展能力具有积极影响，但结果不显著。第（35）、第（36）列是中部地区土地财政Ⅱ对区域协调发展能力的回归结果，第（35）列为没有加入控制变量的回归结果，第（36）列为加入控制变量的回归结果。在第（35）列中，土地财政Ⅱ变量 LnLF2 的系数为 0.147 且在 1% 的水平上显著，说明中部地区土地财政Ⅰ有利于区域协调发展能力的发展。在第（36）列中，土地财政Ⅱ变量 LnLF2 的系数为 −0.021 但不显著，说明中部地区土地财政Ⅱ不利于区域协调发展能力的发展，但结果不显著。第（37）、第（38）列是西部地区土地财政Ⅱ对区域协调发展能力的回归结果，第（37）列为没有加入控制变量的回归结果，第（38）列为加入控制变量的回归结果。在第（37）列中，土地财政Ⅱ变量 LnLF2 的系数为 0.142 且在 1% 的水平上显著，说明西部地区土地财政Ⅰ有利于区域协调发展能力的发展。在第（38）列中，土地财政Ⅱ变量 LnLF2 的系数为 −0.027 但不显著，说明西部地区土地财政Ⅱ不利于区域协调发展能力的发展，但结果不显著。

在以上回归分析中，多数控制变量与区域协调发展能力变量显著相关，说明了本书选取控制变量的恰当性。通过分区域基准回归发现，无论是土地财政Ⅰ还是土地财政Ⅱ，它们总体上对区域协调发展能力的影响存在区域差异，东部地区的土地财政对区域协调发展能力具有积极影响，回归结果显著，中部地区与西部地区的土地财政对区域协调发展能力具有消极影响，回归结果不显著。

2. "以地生财"与区域协调发展能力非线性关系区域异质性检验回归结果

为了进一步探究分区域"以地生财"与区域协调发展能力的非线性关系，本书在模型中加入了土地财政变量的平方项进行回归，回归分析结果见表 4 − 9、表 4 − 10。在表 4 − 9 中，第（27）、第（28）列为检验东部地区土地财政Ⅰ对区域协调发展能力的非线性关系。第（27）列为面板固定效应 FE 的回归结果，第（28）列为面板随机效应 RE 的回归结果。第

（27）列与第（28）列的 Hausman 检验值在 1% 的水平上显著，说明 FE 模型比 RE 模型更合适，因此，应该选择固定效应 FE 模型进行分析。FE 模型第（27）列中，土地财政 I 变量 LnLF1 的系数为 - 0.073 但不显著，土地财政 I 变量的平方项 $LnLF1^2$ 的系数为 0.006 但不显著，说明东部地区土地财政 I 对区域协调发展能力的影响是非线性的，具体呈"U"型，其拐点值为 6.083，也就是说，当 LnLF1 < 6.083 时，东部地区土地财政不利于区域协调发展能力的发展；当 LnLF1 ≥ 6.083 时，东部地区土地财政有利于区域协调发展能力的发展，但回归结果不显著。第（29）、第（30）列为检验中部地区土地财政 I 对区域协调发展能力的非线性关系。第（29）列为面板固定效应 FE 的回归结果，第（30）列为面板随机效应 RE 的回归结果。第（29）列与第（30）列的 Hausman 检验值在 1% 的水平上显著，说明 FE 模型比 RE 模型更合适，因此，应该选择固定效应 FE 模型进行分析。FE 模型第（29）列中，土地财政 I 变量 LnLF1 的系数为 0.140 但不显著，土地财政 I 变量的平方项 $LnLF1^2$ 的系数为 - 0.012 但不显著，说明中部地区土地财政 I 对区域协调发展能力的影响是非线性的，具体呈倒"U"型，其拐点值为 5.833，也就是说，当 LnLF1 < 5.833 时，中部地区土地财政有利于区域协调发展能力的发展；当 LnLF1 ≥ 5.833 时，中部地区土地财政不利于区域协调发展能力的发展，但回归结果不显著。第（31）、第（32）列为检验西部地区土地财政 I 对区域协调发展能力的非线性关系。第（31）列为面板固定效应 FE 的回归结果，第（32）列为面板随机效应 RE 的回归结果。第（31）与第（32）列的 Hausman 检验值在 1% 的水平上显著，说明 FE 模型比 RE 模型更合适，因此，应该选择固定效应 FE 模型进行分析。FE 模型第（31）列中，土地财政 I 变量 LnLF1 的系数为 - 0.153 且在 5% 的水平上显著，土地财政 I 变量的平方项 $LnLF1^2$ 的系数为 0.012 且在 10% 的水平上显著，说明西部地区土地财政 I 对区域协调发展能力的影响是非线性的，具体呈"U"型，其拐点值为 6.375，也就是说，当 LnLF1 < 6.375 时，西部地区土地财政不利于区域协调发展能力的发展；当 LnLF1 ≥ 6.375 时，西部地区土地财政有利于区域协调发展能力的发展，回归结果显著。

表 4 - 9 土地财政 I 与区域协调发展能力非线性关系分区域检验结果

解释变量	东部		中部		西部	
	（27）FE	（28）RE	（29）FE	（30）RE	（31）FE	（32）RE
C	4.782 (1.370)	-3.746*** (-6.250)	-1.227 (-0.270)	-2.109* (-1.600)	0.186 (0.040)	-4.125*** (-3.610)
LnLF1	-0.073 (-0.750)	-0.034 (-0.430)	0.140 (1.120)	-0.019 (-0.200)	-0.153** (-1.990)	-0.171*** (-2.820)
LnLF1^2	0.006 (0.790)	0.006 (0.880)	-0.012 (-1.120)	0.002 (0.310)	0.012* (1.710)	0.018*** (3.100)
LnRgdp	0.139 (0.810)	0.267** (2.300)	0.304* (1.730)	0.459*** (3.220)	0.052 (0.250)	0.269** (2.020)
LnHC	0.112 (1.030)	0.278*** (3.100)	-0.004 (-0.030)	0.204* (1.830)	0.172* (1.570)	0.341*** (3.760)
LnCS	-1.012** (-2.460)	0.044 (0.520)	-0.039 (-0.070)	0.170* (1.790)	-0.409 (-0.890)	0.155* (1.550)
LnFixed	0.063 (0.560)	-0.218** (-2.340)	0.265* (1.430)	0.057 (0.420)	0.096 (0.700)	-0.138 (-1.210)
LnIS	0.298 (0.760)	-0.207 (-0.650)	-0.583 (-0.600)	0.656 (1.200)	0.098 (0.160)	-0.065 (-0.140)
LnFdi	-0.116** (-2.040)	0.028 (0.610)	-0.075 (-1.010)	0.014 (0.270)	-0.226*** (-2.760)	-0.028 (-0.510)
LnTransfer	0.024 (0.200)	0.194*** (2.870)	0.126* (0.870)	0.388*** (4.070)	0.119 (0.780)	0.221*** (2.620)
LnUR	0.207 (0.530)	0.150 (0.770)	-0.147 (-0.270)	-0.044 (-0.160)	0.168* (0.290)	0.247 (0.930)
year	yes	yes	yes	yes	yes	yes
area	yes	yes	yes	yes	yes	yes
Hausman 检验	61.130***		24.730***		34.980***	
"U"型拐点	6.083		5.833		6.375	
调整 R^2	0.014	0.713	0.046	0.724	0.111	0.678
观测值	176	176	128	128	192	192

注：***、**、*分别表示1%、5%和10%的显著水平。

表 4 – 10　　　　土地财政 II 与区域协调发展能力非线性关系分区域检验结果

解释变量	东部		中部		西部	
	（39） FE	（40） RE	（41） FE	（42） RE	（43） FE	（44） RE
C	7.575 ** （2.170）	– 3.640 *** （– 3.560）	– 1.102 （– 0.240）	– 2.044 * （– 1.370）	0.116 （0.030）	– 4.442 *** （– 3.700）
LnLF2	– 0.067 （– 0.610）	– 0.077 （– 0.880）	0.196 （1.440）	0.002 （0.020）	– 0.177 * （– 1.720）	– 0.210 *** （– 2.990）
LnLF2^2	0.008 （0.970）	0.010 （1.390）	– 0.015 （– 1.310）	0.001 （0.100）	0.012 * （1.680）	0.018 *** （3.270）
LnRgdp	0.103 （0.580）	0.254 ** （2.160）	0.300 * （1.680）	0.460 *** （3.100）	0.055 （0.270）	0.273 ** （2.060）
LnHC	0.098 （0.910）	0.298 *** （3.450）	– 0.021 （– 0.160）	0.195 * （1.760）	0.173 * （1.540）	0.345 *** （3.820）
LnCS	– 1.049 ** （– 2.550）	0.043 （0.490）	– 0.057 （– 0.100）	0.166 * （1.680）	– 0.399 （– 0.870）	0.186 * （1.810）
LnFixed	0.058 （0.520）	– 0.233 ** （– 2.530）	0.252 （1.370）	0.060 （0.440）	0.105 （0.750）	– 0.116 （– 1.010）
LnIS	0.283 （0.730）	– 0.195 （– 0.610）	– 0.576 （– 0.620）	0.634 （1.160）	0.111 （0.180）	– 0.028 （– 0.060）
LnFdi	– 0.113 ** （– 1.990）	0.031 （0.680）	– 0.078 （– 1.060）	0.011 （0.210）	– 0.218 *** （– 2.660）	– 0.025 （– 0.450）
LnTransfer	0.030 （0.240）	0.190 *** （2.880）	0.136 （0.940）	0.392 *** （4.120）	0.120 （0.780）	0.221 *** （2.630）
LnUR	0.199 （0.510）	0.136 （0.710）	– 0.123 （– 0.230）	– 0.040 （– 0.140）	0.168 * （0.300）	0.299 （1.120）
year	yes	yes	yes	yes	yes	yes
area	yes	yes	yes	yes	yes	yes
Hausman 检验	63.030 ***		25.360 ***		32.200 ***	
"U" 型拐点	4.188		6.533		7.375	
调整 R^2	0.014	0.718	0.023	0.721	0.109	0.681
观测值	176	176	128	128	192	192

注：*** 、** 、* 分别表示 1% 、5% 和 10% 的显著水平。

在表 4-10 中，第（39）、第（40）列为东部地区土地财政Ⅱ与区域协调发展能力非线性关系检验的回归结果，其中第（39）列与第（40）列的 Hausman 检验值在 1% 的水平上显著，说明 FE 模型比 RE 模型更合适，因此，应该选择固定效应 FE 模型进行分析。FE 模型第（39）列中，土地财政Ⅱ变量 LnLF2 的系数为 -0.067 但不显著，土地财政Ⅱ变量的平方项 LnLF2^2 的系数为 0.008 但不显著，说明东部地区土地财政Ⅱ对区域协调发展能力的影响是非线性的，具体呈"U"型，其拐点值为 4.188，也就是说，当 LnLF2 < 4.188 时，土地财政不利于区域协调发展能力的发展；当 LnLF2 ⩾ 4.188 时，土地财政有利于区域协调发展能力的发展，但回归结果不显著。第（41）、第（42）列为中部地区土地财政Ⅱ对区域协调发展能力影响的回归结果，其中第（41）列与第（42）列的 Hausman 检验值在 1% 的水平上显著，说明 FE 模型比 RE 模型更合适，因此，应该选择固定效应 FE 模型进行分析。FE 模型第（41）列中，土地财政Ⅱ变量 LnLF2 的系数为 0.196 但不显著，土地财政Ⅱ变量的平方项 LnLF2^2 的系数为 -0.015 但不显著，说明中部地区土地财政Ⅱ对区域协调发展能力的影响是非线性的，具体呈倒"U"型，其拐点值为 6.533，也就是说，当 LnLF2 < 6.533 时，土地财政有利于区域协调发展能力的发展；当 LnLF2 ⩾ 6.533 时，土地财政不利于区域协调发展能力的发展，但回归结果不显著。第（43）、第（44）列为西部地区土地财政Ⅱ对区域协调发展能力影响的回归结果，其中第（43）与第（44）列的 Hausman 检验值在 1% 的水平上显著，说明 FE 模型比 RE 模型更合适，因此，应该选择固定效应 FE 模型进行分析。FE 模型第（43）列中，土地财政Ⅱ变量 LnLF2 的系数为 -0.177 且在 10% 的水平上显著，土地财政Ⅱ变量的平方项 LnLF2^2 的系数为 0.012 且在 10% 的水平上显著，说明西部地区土地财政Ⅱ对区域协调发展能力的影响是非线性的，具体呈"U"型，其拐点值为 7.375，也就是说，当 LnLF2 < 7.375 时，土地财政利于区域协调发展能力的发展；当 LnLF2 ⩾ 7.375 时，土地财政有利于区域协调发展能力的发展，回归结果显著。

在以上回归分析中，多数控制变量与区域协调发展能力变量显著相关，说明了本章选取控制变量的恰当性。通过分区域非线性检验回归发现，无论是土地财政Ⅰ还是土地财政Ⅱ，它们总体上对区域协调发展能力的影响存在区域差异的回归形状与方向具有一致性，东部地区的土地财政与区域协调发展能力的关系呈"U"型，中部地区的土地财政与区域协调发展能力的关系呈倒"U"型，西部地区的土地财政与区域协调发展能力的关系呈"U"型，不同的是，拐点值存在差异，并且东部地区与中部地区的回归结果不显著，西部地区的回归结果显著。具体来看，东部地区的土地财政Ⅰ与区域协调发展能力的关系呈"U"型，其拐点值为6.083，东部地区的土地财政Ⅱ与区域协调发展能力的关系呈"U"型，其拐点值为4.188，但回归结果均不显著；中部地区的土地财政Ⅰ与区域协调发展能力的关系呈倒"U"型，其拐点值为5.833，中部地区的土地财政Ⅱ与区域协调发展能力的关系呈倒"U"型，其拐点值为6.533，但回归结果不显著；西部地区的土地财政Ⅰ与区域协调发展能力的关系呈"U"型，其拐点值为6.375，西部地区的土地财政Ⅱ与区域协调发展能力的关系呈"U"型，其拐点值为7.375，回归结果均显著。

至于为何东部、中部和西部的土地财政与区域协调发展能力之间存在区域差别化的非线性关系，可能的解释有：东部地区整体上经济社会发展较快，市场化程度较高，政府的财政来源较广，发展初期土地财政占比少，反而土地财政所引发的土地腐败等弊端与市场化发展格格不入，因此，东部地区土地财政与区域协调发展能力之间呈"U"型，但拐点值相对中西部较小，意味着东部地区能够较快获得土地财政积极效应，这与前期社会经济发展基础密切相关；中部地区作为东部地区产业转移的主要承接地区，其对土地资源的利用程度较高，既需要优惠的土地政策吸引产业转移落地，也需要土地资源收益完成资本积累，因此，中部地区的土地财政与区域协调发展能力之间呈倒"U"型，拐点值高于东部地区，这与东部地区产业转移及本身的社会经济发展有关；西部地区属于欠发达地区，社会经济发展相对落后，城市化进程缓慢，市场化程度较低，前期发展对土地财政获取能力较弱，反而土地财政的弊端较明显，因此，西部地区的土地财政与区域协调发展能力之间呈"U"型，并且拐点值最大，意味着西部地区获得土地财政积极效应时间较长，这与区域本身发展程度密切相关。

4.3.3 稳健性检验

通过变换核心解释变量的方法进行稳健性检验,在以土地财政Ⅰ为解释变量进行回归的基础上,进一步采用土地财政Ⅱ为核心解释变量进行回归,进而达到稳健性检验的目的。详细结果如表4-3至表4-10中涉及土地财政Ⅱ(LnLF2)变量的回归分析。可以发现,无论是土地财政Ⅰ还是土地财政Ⅱ,在全样本回归和分区域回归中,两者对区域协调发展能力影响方向具有一致性,且回归系数相差不大,说明模型回归稳健性较好,结果可信。

回归结果显示土地财政对区域协调发展能力具有影响,但是这一结果可能面临内生性问题挑战。普遍认为,内生性问题来源三个方面:反向因果、测量误差和遗漏变量。因此,本章在控制了时间固定效应和个体固定效应的基础上,尽可能地选取影响被解释变量的控制变量组。同时,采用工具变量法进一步缓解内生性问题,选取土地财政的滞后一期为工具变量进行2SLS回归,选取这一工具变量主要考虑两方面因素,一方面,土地财政与土地财政的滞后一期是相关的,满足相关性假定;另一方面,土地财政滞后一期与当期比较,它是前定的,可能与当期扰动项不相关,满足外生性假定。基于工具变量的回归结果显示,土地财政Ⅰ与土地财政Ⅱ仍然与区域协调发展能力呈现非线性关系,均呈现"U"型。第一阶段F检验值表明内生变量与工具变量具有较强相关性,说明工具变量选取合理(见表4-11)。

表4-11 基于工具变量回归结果

解释变量	基准回归 (45)	第一阶段回归结果 (46)
C	-3.425*** (-6.060)	-3.338*** (-5.810)
LnLF1	-0.081* (-1.030)	

续表

解释变量	基准回归 (45)	第一阶段回归结果 (46)
LnLF1^2	0.010 ** (2.110)	
LnLF2	-0.012 * (-0.1370)	
LnLF2^2	0.011 * (1.260)	
LnLF1 滞后一期		0.171 ** (6.480)
LnLF2 滞后一期		0.265 ** (6.710)
控制变量	控制	控制
省份固定效应	控制	控制
年度固定效应	控制	控制
第一阶段 F 值		9.155
调整 R^2	0.618	0.585
观测值	465	465

注：***、**、*分别表示1%、5%和10%的显著水平。

4.4　本章小结

本章选取2002～2017年我国31个省区市为研究样本，构建了两个方程模型考察地方政府财政激励下的"以地生财"行为对区域协调发展能力的影响及机制。通过基准回归可以发现，无论是土地财政Ⅰ还是土地财政Ⅱ，它们总体上对区域协调发展能力具有积极影响；进一步的非线性关系检验发现，它们与区域协调发展能力的关系是非线性的，呈现"U"型。分区域检验回归结果显示，无论是土地财政Ⅰ还是土地财政Ⅱ，它们总体上对区域协调发展能力的影响存在区域差异，东部地区的土地财政对区域协调发展能力具有积极影响，回归结果显著，中部地区与西部地区的土地财政对区域内协调发展能力具有消极影响，回归结果不显著。进一步的非线性关系检验中发现，东部地区的土地财政Ⅰ与区域协调发展能力的关系呈"U"型，其拐点值为6.083，但回归结果不显著，东部地区的土地财政Ⅱ与区域协调发展能力的关系呈"U"型，其拐点值为4.188；中部地区的土地财政Ⅰ与区域协调发展能力的关系呈倒"U"型，其拐点值为5.833，但回归结果不显著，中部地区的土地财政Ⅱ与区域协调发展能力的关系呈倒"U"型，其拐点值为6.533，但回归结果不显著；西部地区的土地财政Ⅰ与区域协调发展能力的关系呈"U"型，其拐点值为6.375，回归结果显著，西部地区的土地财政Ⅱ与区域协调发展能力的关系呈"U"型，其拐点值为7.375，回归结果显著。

无论是土地财政Ⅰ还是土地财政Ⅱ，它们总体上对区域协调发展能力的影响存在区域差异的回归形状与方向具有一致性，东部地区的土地财政与区域协调发展能力的关系呈"U"型，中部地区的土地财政与区域协调发展能力的关系呈倒"U"型，西部地区的土地财政与区域协调发展能力的关系呈"U"型，不同的是，拐点值存在微小差异，并且东部地区与中部地区的回归结果不显著，西部地区的回归结果显著。

本章进一步通过构建调节效应回归模型检验"以地生财"影响区域协调发展能力的作用机制。结果显示：城乡居民收入差距与基本公共服务均等化程度对土地财政Ⅰ与土地财政Ⅱ影响区域协调发展能力的调节效应均呈现非线性关系，呈"U"型，只是拐点值存在差别，从而验证了假设2与假设3；基础设施通达度对土地财政Ⅰ与土地财政Ⅱ影响区域协调发展能力的调节效应都是非线性的，都呈倒"U"型，只是拐点值存在差别，从而验证了假设4。其中，基础设施通达度对土地财政影响区域协调发展能力的调节效应最大。

最后，本章通过变换核心解释变量的方法进行稳健性检验，在以土地财政Ⅰ为解释变量进行回归的基础上，进一步采用土地财政Ⅱ为核心解释变量进行回归，进而达到稳健性检验的目的。本章选取土地财政的滞后一期为工具变量进行2SLS回归，选取这一工具变量主要考虑两方面因素，一方面，土地财政与土地财政的滞后一期是相关的，满足相关性假定；另一方面，土地财政滞后一期与当期比较，它是前定的，可能与当期扰动项不相关，满足外生性假定。基于工具变量的回归结果显示，土地财政 I 与土地财政 II 仍然与区域协调发展能力呈现非线性关系，均呈现"U"型，进一步说明回归结果具有可信度。

第 5 章

地方政府的"以地引资"与区域协调发展能力

5.1 "以地引资"对区域协调发展能力的影响机制

地方政府行为在地区间存在外溢性在学术界已达成共识。在公共选择理论下，地方政府符合理性经济人假设，地方政府间竞争必须考虑政策互动所引起的外溢性。地方政府对县域金融发展干预会对相邻地区产生负面冲击，一定程度上说明地方政府更加偏好土地出让政策（冯林等，2016），而外商直接投资不仅会引起本地产业结构变化，无形中也会对周边地区产业结构产生积极溢出效应（李东坤和邓敏，2016）。在众多政府投资策略中，交通基础设施的外溢性最强，不仅对本地经济具有积极影响，也对临近地区产生正向溢出效应（刘生龙和郑世林，2013），成为政府调控经济的重要手段之一（张学良，2012；张志和周浩，2012）。

晋升激励下的"以地引资"土地财政模式主要通过土地出让策略招商引资，为区域保税增收做出主观能动努力，充分保持对本区域发展的积极性，致使土地财政成为地方官员晋升的重要依托手段。改革开放以来，中央政府对财政制度和绩效考核制度进行了改革，突出区域财税在官员晋升考核中的分量，在此压力下，地方政府官员为了晋升目标，具有招商引资发展本地经济的强烈需求，并通过土地政策优惠与差别化的土地出让策略来争夺招商引资资源，演化成地方政府间横向竞争模仿策略互动和惯性依赖特征的晋升激励（李郇等，2013），表现为地方政府以低于成本价的土地价格吸引外商投资（樊轶侠和高跃光，2019）。在招商引资准备过程中，地方政府会尽力改善区域交通基础设施，尤其是重点投资招商引资潜力大的优势区域，其结果是本地区交通基础改善明显，进一步通过乘数效应带动区域经济发展。与此同时，交通基础设施所具有的网络性与外部性，会强化空间正向溢出性，惠及临近地区发展，这种良性循环有助于区域协调发展能力的整体提升。随着国家区域政策调整，如党的十九大强调要在兼顾公平与效率基础上进一步促进区域协调发展，以及实施城乡融合发展、乡村振兴战略等系列统筹发展政策。此时，地方政府会考虑优化投资策略，适当增加落后区域或农村地区的发展，有利于补齐区域协调发展能力提升短板。

地方政府在土地出让过程中，会充分应用差别化的土地出让策略来发展"以地引资"土地财政模式，具体包括国有土地的协议出让和招、拍、挂出让，不同的出让方式会对地方政府竞争产生重要影响，产生明显模仿效应，即某一地方通过土地财政招商引资的行为，会对相邻地方政府产生一种相互学习效应（柳庆刚和姚洋，2012；唐鹏等，2014；谢冬水，2016；李长青等，2018）。通过模仿学习效应，地方政府会认识到交通基础设施改善对招商引资成功的重要作用，也会不断加强本地区的交通基础设施投资，这对于提高区域交通基础设施水平具有积极影响，进而强化了两地区的正向空间溢出效应，无疑会提升区域基础设施通达度能力，促进区域协调发展能力提升。由此，提出本书的假设5：

假设5：地方政府实施"以地引资"政策具有空间外溢性，一方面通过交通基础设施投资的乘数效应促进本地区经济发展，另一方面通过模仿学习效应强化交通基础设施的正向空间溢出效应，促进区域协调发展能力提升。

5.2　研究设计

晋升激励下的"以地引资"土地财政模式主要通过土地出让策略招商引资，为区域保税增收做出主观能动努力，充分保持对本区域发展的积极性，致使土地财政成为地方官员晋升的重要依托手段。在众多政府投资策略中，交通基础设施的外溢性最强，不仅对本地经济具有积极影响，也对临近地区产生正向溢出效应（刘生龙和郑世林，2013），成为政府调控经济的重要手段之一（张学良，2012；张志和周浩，2012）。地方政府在土地出让过程中，会充分应用差别化的土地出让策略来发展"以地引资"土地财政模式，其他区域地方政府会认识到交通基础设施改善对招商引资成功的重要作用，通过模仿学习效应，也会不断加强本地区的交通基础设施投资，这对于提高区域交通基础设施水平具有积极影响，进而强化了两地区的正向空间溢出效应，无疑会提升区域基础设施通达度能力，促进区域协调发展能力提升。本章选取 2002～2017 年我国 31 个省区市为研究样本，主要探讨协议出让与招、拍、挂出让分别对区域协调发展能力的影响，重点分析交通基础设施在此过程中的中介作用。同时，构建机制回归模型对本书的作用机制进行检验，即检验本书的假设 5。

5.2.1　样本选择与数据来源

为了考察地方政府晋升激励下的"以地引资"行为对区域协调发展能力的影响，本章选取 2004～2017 年全国 31 个省区市为研究样本，相关数据主要来源于历年《中国国土资源统计年鉴》《中国统计年鉴》《中国财政统计年鉴》《中国环境统计年鉴》《中国交通统计年鉴》《中国税收统计年鉴》等，以及 EPS 数据库、中经网数据库、WIND 数据库。同时，本书对相关数据进行了如下处理：人均 GDP 均调整为 2000 年不变价格的水平，农村居民家庭人均纯收入、城镇居民家庭人均可支配收入、农村居民消费

水平及城镇居民消费水平均按照 2000 年不变价格进行平减，固定资产投资
与外商直接投资均采用 2000 年国民生产价值指数进行平减。

5.2.2 模型设定与变量选取

鉴于研究目标与模式适用性考虑，以及对数似然值等统计量的显著性
及数值大小比较，并借鉴已有研究成果（龙小宁等，2020；陶长琪和杨海
文，2014；温忠麟和叶宝娟，2014；温忠麟等，2016），本章适合构建空
间面板自回归模型与中介效应模型考察"以地引资"对区域协调发展能力
的影响，模型如下：

$$\text{Rcdc}_{it} = \rho W. \text{Rcdc}_{it} + \varphi_1 \text{LT}_{it} + \varphi_2 X_{it} + \mu_{it} \qquad (5-1)$$

$$\text{IA}_{it} = \omega_1 \text{LT}_{it} + \omega_2 X_{it} + \mu_{it} \qquad (5-2)$$

$$\text{Rcdc}_{it} = \rho W. \text{Rcdc}_{it} + \sigma_1 \text{LT}_{it} + \sigma_2 \text{IA}_{it} + \sigma_3 X_{it} + \mu_{it} \qquad (5-3)$$

其中，下标 i 为省份的个体，t 为年份。α_0 为常数，δ_t 为时间固定效应，
μ_i 为个体固定效应，ε_{it} 为随机扰动项。

因变量：在式（5-1）、式（5-2）、式（5-3）中，Rcdc_{it} 代表区域
协调发展能力，由前文区域协调发展能力指标体系测算得到。

自变量：LT_{it} 代表土地出让方式，包含协议出让 ALT_{it} 与 MLT_{it} 两类，分
别用各自出让土地收入衡量。

中介变量：IA 代表中介变量，表示基础设施通达度，与前文一致。

控制变量：Control 为控制变量集合，分别包含了经济发展水平（RGDP）、
人力资本（HC）、城市规模（CS）、固定资产投资（Fixed）、产业结构（IS）、
对外开放（FDI）、转移支付（Transfer）、城市化水平（UR）（见表 5-1）。

表 5-1 主要变量定义

变量名称	变量符号	变量定义
因变量		
区域协调发展能力	Rcdc	主要由前文的综合评价指标 体系测算得出

续表

变量名称	变量符号	变量定义
自变量		
土地出让方式	LT	包括协议出让 ALT 与招、拍、挂出让 MLT 两种方式，采用出让收入衡量
基础设施通达度	IA	以交通基础设施存量水平衡量
控制变量		
经济发展水平	RGDP	以人均 GDP 核算表示
人力资本	HC	以每万人中高校在校生人数表示
城市规模	CS	以人口规模衡量
固定资产投资	Fixed	以固定资产投资占 GDP 比重衡量
产业结构	IS	以第二、第三产业产值占 GDP 比重衡量
对外开放	FDI	以外商直接投资额表示
转移支付	Transfer	以转移支付金额表示
城市化水平	UR	以城镇化率衡量

5.2.3 数据描述性统计

表 5 - 2 给出了主要变量的描述性统计，为了减少异方差干扰，对所有变量进行了对数处理。其中区域协调发展能力 LnRcdc 的均值为 - 1.344，最小值与最大值分别为 - 2.468 和 - 0.145，标准差为 0.472，说明不同区域的区域协调发展能力具有较大差异。土地出让 LT 的均值为 15.050，最小值与最大值分别是 9.386 和 18.105，协议出让 ALT 与招、拍、挂出让 MLT 的均值分别为 12.376 和 14.872，标准差分别为 1.372 和 1.690，前者的最小值与最大值分别为 6.732 和 15.457，后者的最小值与最大值分别为 7.703 和 18.099，说明不同区域的协议出让与招、拍、挂出让也存在较大差异。基础设施通达度的均值为 - 2.830，最小值与最大值分别为 - 5.578 和 - 1.304，基础设施通达度相比土地出让的区域差异较小，说明地方政府具有交通基础设施投资倾向。

控制变量方面，同样存在较大的区域差异，总体而言，变量间的区域差异有助于回归模型的检验，进一步有利于提升研究价值。

表 5 − 2 主要变量的描述性统计

变量	均值	标准差	最小值	最大值	数量
LnRcdc	− 1.344	0.472	− 2.468	− 0.145	434
LnLT	15.050	1.550	9.386	18.105	434
LnALT	12.376	1.372	6.732	15.457	434
LnMLT	14.872	1.690	7.703	18.099	434
LnRgdp	10.305	0.684	8.370	11.768	434
LnHC	5.282	0.368	3.977	6.310	434
LnCS	8.090	0.856	5.620	9.321	434
LnFixed	− 0.453	0.376	− 1.425	0.410	434
LnIS	− 0.127	0.069	− 0.448	0.022	434
LnFdi	7.799	1.558	3.310	11.687	434
LnTransfer	15.990	0.811	13.544	17.587	434
LnUR	3.899	0.290	3.021	4.495	434
LnIA	− 2.830	0.927	− 5.578	− 1.304	434

资料来源：由 Stata 软件对收集整理的面板数据分析所得。

进一步对主要变量做相关性分析发现，区域协调发展能力 LnRcdc 与土地出让 LnLT、协议出让 LnALT、招、拍、挂出让 LnMLT 均在 1% 的水平上显著正相关。

控制变量中，所有变量都与区域协调发展能力 LnRcdc 在 1% 的水平上显著相关，说明引入的控制变量基本恰当。另外，除区域协调发展能力与各自变量相关外，其他变量之间也存在一定程度的相关性，但相关系数小于 0.5，说明变量之间不存在严重的多重共线性。

5.2.4 空间权重确定

空间计量经济学理论认为，所有事物都与其他事物相关联，距离越近则联系越密切，考虑到土地的地理空间位置是固定的，本章主要考虑区域是否相邻作为空间权重矩阵（Tobler，1970；樊轶侠和高跃光，2019），如果两省相邻则为 1，不相邻则为 0，从而得到 31 × 31 空间邻接权重矩阵。

5.2.5　空间自相关检验

在进行空间面板计量分析之前，需要检验区域协调发展能力的空间相关性，具体利用 Moran's I 指数，其表达式为（钟文等，2020）：

$$\text{Moran's I} = \frac{\sum_{i=1}^{31} \sum_{j=1}^{31} W_{ij}(Y_i - \overline{Y})(Y_j - \overline{Y})}{S^2 \sum_{i}^{31} \sum_{j}^{31} W_{ij}} \quad (5-4)$$

式（5-4）中，Y_i 表示省份 i 的区域协调发展能力，$\overline{Y}$ 为区域协调发展能力的样本均值，为区域协调发展能力的样本方差。

由表 5-3 可以看出，2004~2017 年区域协调发展能力的 Moran's I 检验值均显著为正，表明区域协调发展能力存在空间溢出效应，说明本章构建空间计量模型是合理的。

表 5-3　　　　　　　　区域协调发展能力空间相关性检验

年份	Moran's I
2004	0.222 *** （2.586）
2005	0.223 *** （2.596）
2006	0.252 *** （2.847）
2007	0.258 *** （2.877）
2008	0.270 *** （2.985）
2009	0.252 *** （2.893）
2010	0.256 *** （2.940）
2011	0.276 *** （3.089）
2012	0.291 *** （3.204）
2013	0.262 *** （2.911）
2014	0.272 *** （3.005）
2015	0.281 *** （3.080）
2016	0.277 *** （3.035）
2017	0.152 ** （1.807）

注：*** 、** 分别表示1%、5%的显著水平，括号内为 Z 值。

5.3 实证结果分析

5.3.1 基准回归检验

"以地引资"与区域协调发展能力的空间溢出效应在表 5 – 4 中得到证实。在控制了区域与时间双重固定效应后，基于空间邻接权重对土地出让总收入及分类土地出让收入进行检验，表 5 – 4 的第（47）、第（49）列反映了未包含控制变量条件下的回归，显示土地出让总收入的系数为 0.015，在 10% 的水平上显著为正，说明区域土地出让越多，区域协调发展能力越强；协议出让收入与招、拍、挂出让收入的系数分别为 – 0.011 与 0.013，只有招、拍、挂出让收入在 10% 的水平上显著为正，说明招、拍、挂出让方式相对协议出让方式更能促进区域协调发展能力提升，这与国家倡导的加快土地市场化改革导向相一致。地方政府土地市场化出让方式既可以实现土地财政收益最大化，也可以引导投资要素集聚，促进市场调节机制与激励机制的双重发挥，强化地方政府投资交通等基础设施的积极性，进而形成"'以地引资'竞争——土地市场化出让——土地收益增加——投资要素集聚——增加交通等基础设施投资——正向溢出效应明显——土地收益增加——'以地引资'增强——区域协调发展能力"的良性循环。

表 5 – 4 基准回归结果

解释变量	（47）	（48）	（49）	（50）
C	– 0.608 ** （ – 2.110）	– 2.581 ** （ – 2.210）	– 0.438 * （ – 1.740）	– 2.554 ** （ – 2.11）
LnLT	0.015 * （1.190）	0.010 * （1.051）		
LnALT			– 0.011 （ – 0.870）	– 0.009 （ – 0.970）

续表

解释变量	（47）	（48）	（49）	（50）
LnMLT			0.013 * （1.220）	0.011 * （0.963）
LnRgdp		0.111 * （1.360）		0.102 * （1.340）
LnHC		0.336 *** （2.570）		0.342 *** （2.600）
LnCS		0.124 * （1.330）		0.126 * （1.330）
LnFixed		− 0.056 （− 1.200）		− 0.056 （− 1.190）
LnIS		0.279 （0.950）		0.259 * （0.840）
LnFdi		− 0.045 * （− 1.740）		− 0.046 * （− 1.790）
LnTransfer		− 0.147 *** （− 2.820）		− 0.146 *** （− 2.810）
LnUR		0.306 * （1.200）		0.316 * （1.270）
调整 R^2	0.239	0.572	0.107	0.704
ρ	0.706	0.672	0.706	0.567
观测值	434	434	434	434

注：*** 、** 、* 分别表示1%、5%和10%的显著水平。

同时，土地出让总收入与分类的土地出让收入的空间权重系数均为 0.706，在1%的水平上显著为正，说明本地区土地出让越多，由于"以地引资"政策具有空间外溢性，一方面通过交通基础设施投资的乘数效应促进本地区经济发展，另一方面通过模仿学习效应强化交通基础设施的正向空间溢出效应，越能提升相邻地区的区域协调发展能力。然后第（48）、第（50）列分别加入了控制变量进行回归，土地出让总收入的系数为 0.010，在10%的水平上显著为正，说明本地区土地出让收入增加1%，区域协调发展能力提升1%，表明"以地引资"有利于区域协调发展能力提升。土地出让总收入的空间权重系数为0.672，在5%的水平上显著为正，说明本地区土地出让总收入的增加，对相邻地区区域协调发展能力提升有正向溢出效应，且距离越近，正向溢出效应越大。协议出让收入与招、拍、挂出让收入的系数依然是一负一正，分别是 −0.009 与 0.011，且只有招、拍、挂出让收入系数在10%的水平上显著为正，表明市场化土地出让对区域协调发展能力的积极影响稳健有效。空间权重系数为0.567，在5%的水平上显著为正，进一步佐证本地区土地出让总收入的增加，对相邻地区区域协调发展能力提升有正向溢出效应，且距离越近，正向溢出效应越大。至此，验证了本章的假设5。

5.3.2　分区域回归检验

表5−5是"以地引资"影响区域协调发展能力空间溢出效应的分区域检验结果。从影响效应来看，东部地区协议出让收入与招、拍、挂出让收入的系数分别为 −0.031 与 0.013，两者均在10%的水平上显著，说明东部地区市场化土地出让有利于本地区区域协调发展能力提升，而计划性土地出让不利于本地区区域协调发展能力提升，且市场化土地出让的影响效应大于计划性土地出让。中部地区协议出让收入与招、拍、挂出让收入的系数分别为 0.006 与 0.025，只有后者在10%的水平上显著，说明在中部地区市场化土地出让与计划性土地出让均有利于本地区区域协调发展能力提升，但计划性土地出让回归不显著，且市场化土地出让的影响效应大于计划性土地出让，进一步表明中部地区逐渐融入国家倡导的土地市场化改革，积极推进市场化土地出让方式。西部地区协议出让收入与招、拍、挂出让收入的系数分别为 0.068 与 0.023，分别在 5% 与 10% 的水平上显著，说明西部地区市场化土地出让与计划性土地出让均有利于本地区区域协调发展能力提升，且计划性土地出让的影响效应市场化大于土地出让，进一步说明西部地区经济发展水平相对东部、中部存在一定差距，市场化进程缓慢，土地资源是本地区发展经济的重要因素。

表5-5 分区域回归结果

解释变量	东部 (51)	中部 (52)	西部 (53)
C	−0.641* (−0.190)	−23.301** (−2.280)	10.665* (1.840)
LnALT	−0.031* (−1.680)	0.006 (0.210)	0.068** (0.891)
LnMLT	0.013* (0.100)	0.025* (0.009)	0.023* (0.670)
LnRgdp	0.013* (0.100)	0.036* (0.013)	0.503* (2.170)
LnHC	0.345** (2.300)	0.466* (1.500)	0.351* (1.410)
LnCS	−0.114 (−0.320)	2.241* (1.960)	−1.735* (−2.320)
LnFixed	0.047 (0.510)	0.136 (0.840)	0.164 (0.94)
LnIS	−0.913 (−1.080)	0.116 (0.120)	−1.102 (−1.260)
LnFdi	−0.119** (−2.460)	−0.488*** (−4.070)	−0.118 (−1.750)
LnTransfer	0.054 (0.470)	−0.061*** (−0.250)	−0.100 (−0.640)
LnUR	−0.138 (−0.250)	1.308* (2.070)	−0.654 (−1.140)
调整 R^2	0.331	0.301	0.233
ρ	0.802	0.716	0.563
观测值	154	112	168

注: ***、**、* 分别表示1%、5%和10%的显著水平。

从空间溢出效应看,东部、中部与西部地区的空间权重系数分别为0.802、0.716、0.563,说明本地区土地出让均有利于邻近地区区域协调发展能力提升,且东部地区的溢出效应>中部地区>西部地区。

5.3.3　中介效应检验

根据"以地引资"影响区域协调发展能力的理论分析与基准回归检验可知，交通基础设施可能对"以地引资"影响区域协调发展能力具有重要的中介作用，至于这种中介作用是否存在、影响程度有多大，需要进一步的检验。本章通过构建中介效应模型，选取 2004～2017 年我国 31 个省区市为研究样本，实证检验交通基础设施对"以地引资"影响区域协调发展能力的中介效应。表 5－6 是中介效应回归结果，第一步，检验"以地引资"影响区域协调发展能力的直接效应，土地出让总收入系数在 10% 的水平上显著为正，说明具有进行中介效应的可行性；第二步，检验土地出让总收入对交通基础设施的影响，土地出让总收入系数在 10% 的水平上显著为正；第三步，加入中介变量后，重新检验"以地引资"影响区域协调发展能力的影响，土地出让总收入系数在 10% 的水平上显著为正，说明交通基础设施中介变量有效，通过进一步计算得到交通基础设施对"以地引资"影响区域协调发展能力的中介效应为 0.009。

表 5－6　　　　　　　　　　中介效应回归结果

解释变量	LnRcdc (54)	LnIA (55)	LnRcdc (56)
C	-2.581 ** (-2.210)	-9.408 *** (-4.260)	-2.685 * (-1.910)
LnLT	0.025 * (1.051)	0.030 * (1.240)	0.016 * (0.332)
LnIA			0.300 * (2.470)
LnRgdp	0.111 * (1.360)	0.071 * (0.730)	0.113 * (1.400)
LnHC	0.336 *** (2.570)	0.411 *** (3.640)	0.342 *** (2.590)

续表

解释变量	LnRcdc (54)	LnIA (55)	LnRcdc (56)
LnCS	0. 124 * (1. 330)	0. 155 (0. 600)	0. 127 * (1. 280)
LnFixed	− 0. 056 (− 1. 200)	0. 019 (0. 290)	− 0. 057 * (− 1. 200)
LnIS	0. 279 (0. 950)	− 0. 018 (− 0. 040)	0. 280 (0. 960)
LnFdi	− 0. 045 * (− 1. 740)	0. 054 (1. 510)	− 0. 044 * (− 1. 700)
LnTransfer	− 0. 147 *** (− 2. 820)	0. 176 ** (2. 310)	− 0. 148 *** (− 2. 830)
LnUR	0. 306 * (1. 200)	− 0. 321 (− 1. 200)	0. 304 * (1. 210)
调整 R^2	0. 572	0. 446	0. 572
ρ	0. 672		0. 673
观测值	434	434	434
中介效应	0. 009		

注: *** 、 ** 、 * 分别表示1%、5%和10%的显著水平。

5.4 作用机制检验

本章节结合上一章有关土地财政对区域协调发展能力影响的作用机制分析，构建机制检验回归模型对本书的作用机制进行检验。

5.4.1 研究设计

为验证土地财政对区域协调发展能力的影响机制或渠道，本书借鉴卡特勒和莱特丝 – 穆尼 （Cutler & Liters-Muney，2010）、程令国等 （2014）

的方法，在回归方程式（5－1）基础上构建具有机制变量 ZJ_{it} 的回归方程式（Ⅶ）：

$$Rcdc_{it} = \theta_0 + \theta_1 Lf_{it} + \gamma ZJ_{it} + \alpha_3 Control_{it} + \delta_t + \mu_i + \varepsilon_{it} \qquad (5-5)$$

本书关注的机制变量 ZJ_{it} 具体包括城镇固定资产投资、农村固定资产投资、基础设施通达度、信息化程度变量，分别用以考察土地财政模式下"政府城市偏向""基础设施的溢出效应"对区域协调发展能力的具体影响。其中，城镇固定资产投资与农村固定资产投资均采用2000年国民生产价值指数进行平减，基础设施通达度变量与式（5－1）一致，都是以交通基础设施通达度表示，信息化程度以互联网普及率表示。本书以土地财政Ⅱ作为回归解释变量，土地财政Ⅰ作为稳定性检验回归解释变量。依据"机制效应"的估计思路，在分别估计得出回归方程式（Ⅰ）和回归方程式（Ⅶ）中土地财政系数 $\hat{\alpha}$ 和 $\hat{\theta}$ 后，通过计算 $1-\hat{\theta}/\hat{\alpha}$ 可以得到机制变量在解释土地财政对区域内协调发展能力影响中所占的比重，直观考察各相关机制的解释力度。主要变量描述如表5－7所示。

表5－7　　　　　　　　　　主要变量定义

变量名称	变量符号	变量定义
因变量		
区域协调发展能力	Rcdc	主要由前文的综合评价指标体系测算得出
自变量		
土地财政	Lf	包括本书定义的两类土地财政，即土地财政Ⅰ与土地财政Ⅱ
城镇固定资产投资	CZF	以城镇固定资产投资额表示
农村固定资产投资	NCF	以农村固定资产投资额表示
基础设施通达度	IA	以交通基础设施存量水平衡量
信息化程度	TDI	以互联网普及率衡量
控制变量		
经济发展水平	RGDP	以人均 GDP 核算表示
人力资本	HC	以每万人中高校在校生人数表示

续表

变量名称	变量符号	变量定义
城市规模	CS	以人口规模衡量
固定资产投资	Fixed	以固定资产投资占 GDP 比重衡量
产业结构	IS	以第二、第三产业产值占 GDP 比重衡量
对外开放	FDI	以外商直接投资额表示
转移支付	Transfer	以转移支付金额表示
城市化水平	UR	以城镇化率衡量

5.4.2 实证检验与结果分析

1. 机制检验结果分析

为了更加全面地验证可能存在的机制，本书将分两步来分析。第一步，直接考察土地财政对相关机制变量的影响，进而分析影响区域协调发展能力的传导路径；第二步，运用前文提到的"机制效应"估计思路，在回归方程（Ⅷ）式的基础上，定量考察各机制变量在土地财政影响区域协调发展能力中的解释力度。

表 5 - 8 是土地财政与相关机制变量的回归结果，目的在于考察土地财政对相关机制变量的影响。第（61）列与第（62）列是土地财政对政府城市偏向的回归结果，通过城镇固定资产投资与农村资产投资构造政府城市偏向，可以发现土地财政有利于城镇固定资产投资，其系数为 0.007 且在 5% 的水平上显著，而不利于农村固定资产投资，其系数为 - 0.023 且在 5% 的水平上显著，验证了土地财政模式下地方政府"重城市、轻农村"的支出偏向是影响区域协调发展能力的重要机制。这一机制与众多已经研究的结论相符，即地方政府普遍具有城市偏向问题，主要体现在生产要素、基础设施及公共服务供给等层面（李实和罗楚亮，2007；袁志刚和解栋栋，2011；张杰等，2011）。

表 5 – 8   土地财政影响区域协调发展能力的机制检验

解释变量	政府城市偏向		基础设施溢出效应	
	城镇固定资产投资	农村固定资产投资	基础设施通达度	信息化程度
	(61)	(62)	(63)	(64)
LnLf2	0.007 * (0.65)	– 0.023 * (– 0.54)	0.024 * (0.77)	0.029 * (0.82)
Controls, Year&area	Yes	Yes	Yes	Yes
R-squared	0.976	0.503	0.333	0.694
N	496	496	496	496

注：（1）括号内为稳健标准误；（2）***、**、*分别表示 1%、5% 和 10% 的显著水平；（3）Controls 包括表 4 – 3 中的全部控制变量。

第（63）列与第（64）列是土地财政对基础设施溢出效应的回归结果，通过基础设施通达度与信息化程度构造基础设施溢出效应，可以发现土地财政有利于基础设施通达度的提高，其系数为 0.024 且在 5% 的水平上显著，也有利于信息化程度的提升，其系数为 0.029 且在 5% 的水平上显著，验证了土地财政模式下地方政府对基础设施的投资，并形成的基础设施溢出效应是影响区域协调发展能力的重要机制。基础设施的正外部性及外溢性理论早已得到国内外学者的论证，尤其是交通基础设施和信息基础设施对经济增长具有显著的正外部性，并且这种正外部性主要是发达区域对欠发达区域的外溢产生（Romer，1986；Lucas，1988；Barro，1990；刘生龙和胡鞍钢，2010）。

表 5 – 9 是土地财政影响区域协调发展能力的机制效应分析报告，该回归是基于双向固定效应回归模型。第（65）列是土地财政对区域协调发展能力的基准回归。第（66）列与第（67）列是在第（65）列的基础上分别加入城镇固定资产投资、基础设施通达度这两个变量，第（68）列则是同时加入以上两个变量。如前文分析，$1 - \hat{\theta}/\hat{\alpha}$ 为机制变量在解释土地财政对区域协调发展能力影响中所占的比重。

表 5 - 9　　　　土地财政影响区域协调发展能力的机制效应分解

解释变量	基准回归	机制1：政府城市偏向	机制2：基础设施溢出效应	总机制控制
	（65）	（66）	（67）	（68）
LnLf2	-0.027 * (-1.24)	-0.025 * (-1.17)	-0.026 * (-1.21)	-0.019 * (-1.03)
LnCZF		-0.044 * (-0.59)		-0.128 *** (-3.13)
LnIA			0.117 ** (2.59)	0.128 *** (3.08)
$1 - \hat{\theta}/\hat{\alpha}$		7.41%	3.70%	29.63%
Controls，Year&area	Yes	Yes	Yes	Yes
R-squared	0.704	0.270	0.566	0.555
N	496	496	496	496

注：（1）特别说明，当同时控制两大机制变量后土地财政对区域内协调发展能力影响的解释力度为 29.63%，但与两大机制变量单独解释力度的简单相加（7.41% +3.70% =11.11%），其原因在于变量之间并不是完全独立，可以彼此相互影响，以及在回归方程中加入控制变量后，总的解释力度可能有所抵消。（2）括号内为稳健标准误；*** 、** 、* 分别表示 1%、5% 和 10% 的显著水平；Controls 包括表 4 - 23 中的全部控制变量。

表 5 - 9 的结果显示，城镇固定资产投资在解释土地财政对区域协调发展能力的负面效应中起了重要作用，而基础设施通达度在解释土地财政对区域协调发展能力的正面效应中起了重要作用，两大因素共同解释了土地财政对区域协调发展能力影响的 29.63%。具体来看，土地财政模式下"重城市、轻农村"的城市偏向解释了土地财政的负向效应的 7.41%，基础设施溢出解释了土地财政的正向效应的 3.70%。

2. 机制检验结果的稳健性分析

本书用土地财政 I 变量来对机制做稳健性检验，表 5 - 10 是土地财政 I 与相关机制变量的回归结果。第（69）列与第（70）列是土地财政 I 对政府城市偏向的回归结果，通过城镇固定资产投资与农村资产投资构造政府城市偏向，可以发现土地财政 I 有利于城镇固定资产投资，其

系数为 0.005 但不显著，而不利于农村固定资产投资，其系数为 - 0.039
但不显著，总体验证了土地财政模式下地方政府"重城市、轻农村"的
支出偏向是影响区域协调发展能力的重要机制，对机制起到了稳健性检
验的作用。

表 5 - 10　　　　土地财政影响区域协调发展能力的机制稳健性检验

解释变量	政府城市偏向		基础设施溢出效应	
	城镇固定资产投资	农村固定资产投资	基础设施通达度	信息化程度
	（69）	（70）	（71）	（72）
LnLfl	0.005 （0.48）	- 0.039 （ - 0.93）	0.019 （0.73）	0.035 （1.07）
Controls， Year&area	Yes	Yes	Yes	Yes
R-squared	0.977	0.512	0.334	0.696
N	496	496	496	496

注：（1）括号内为稳健标准误；（2） ***、**、* 分别表示1%、5%和10%的显著水平；
（3） Controls 包括表 4 - 23 中的全部控制变量。

第（71）列与第（72）列是土地财政 I 对基础设施溢出效应的回归结
果，通过基础设施通达度与信息化程度构造基础设施溢出效应，可以发现
土地财政 I 有利于基础设施通达度的提高，其系数为 0.019 但不显著，也
有利于信息化程度的提升，其系数为 0.035 但不显著，验证了土地财政可
以促进基础设施投资，并通过基础设施溢出效应影响区域协调发展能力的
重要机制，对机制起到了稳健性检验的作用。

表 5 - 11 是土地财政 I 影响区域协调发展的机制效应分析报告，该回
归是基于双向固定效应回归模型。第（73）列是土地财政 I 对区域协调发
展能力的基准回归。第（74）与第（75）列是在第（73）列的基础上分
别加入城镇固定资产投资、基础设施通达度这两个变量，第（76）则是同
时加入以上两个变量。如前文分析，$1 - \hat{\theta}/\hat{\alpha}$ 为机制变量在解释土地财政 I
对区域协调发展能力影响中的所占的比重。

表 5 – 11　　　　土地财政影响区域协调发展能力的机制效应分解稳健性检验

解释变量	基准回归	机制 1：政府城市偏向	机制 2：基础设施溢出效应	总机制控制
	（73）	（74）	（75）	（76）
LnLfl	– 0.032 * （ – 1.49）	– 0.030 * （ – 1.46）	– 0.031 * （ – 1.47）	– 0.029 * （ – 1.30）
LnCZF		– 0.045 * （ – 0.59）		– 0.129 *** （ – 3.12）
LnIA			0.118 ** （2.65）	0.129 *** （3.15）
$1 - \hat{\theta}/\hat{\alpha}$		6.25%	3.13%	9.38%
Controls，Year&area	Yes	Yes	Yes	Yes
R-squared	0.373	0.264	0.562	0.555
N	496	496	496	496

注：（1）括号内为稳健标准误；（2）***、**、*分别表示1%、5%和10%的显著水平；（3）Controls包括表 4 – 23 中的全部控制变量。

表 5 – 11 的结果显示，城镇固定资产投资在解释土地财政Ⅰ对区域协调发展能力的负面效应中起了重要作用，而基础设施通达度在解释土地财政对区域协调发展能力的正面效应中起了重要作用，两大因素共同解释了土地财政Ⅰ对区域协调发展能力影响的 9.38%。具体来看，土地财政模式下"重城市、轻农村"的城市偏向解释了土地财政的负向效应的 6.25%，基础设施溢出解释了土地财政的正向效应的 3.13%。

从以上稳健性检验结果来看，无论是土地财政Ⅰ与相关机制变量回归，还是"机制效应"估计回归，其相关变量的系数及方向都与土地财政Ⅱ变量进行的回归接近，说明土地财政影响区域协调发展能力的机制稳定可靠，进一步说明了论文实证结果的稳健可靠。

5.5　本章小结

本章选取 2002 ~ 2017 年我国 31 个省区市为研究样本，构建空间计量模型，从土地出让方式差异角度考察地方政府晋升激励下的"以地引资"

行为对区域协调发展能力的影响，重点分析交通基础设施在此过程中的中介作用。同时，检验了本书的作用机制，证实了本书的假设1。

"以地引资"对区域协调发展能力具有正向作用，且存在空间溢出效应。在控制了区域与时间双重固定效应后，基于空间邻接权重对土地出让总收入及分类土地出让收入进行检验发现，土地出让总收入的系数为0.015，在10%的水平上显著为正，相比于协议出让，招、拍、挂出让对区域协调发展能力的影响更大，这与国家倡导的加快土地市场化改革导向相一致。同时，土地出让总收入与分类的土地出让收入的空间权重系数均为0.706，在1%的水平上显著为正，说明本地区土地出让越多，越能提升相邻地区的区域协调发展能力。

分区域回归结果显示，东部地区市场化土地出让有利于本地区区域协调发展能力提升，而计划性土地出让不利于本地区区域协调发展能力提升，且市场化土地出让的影响效应大于计划性土地出让；中部地区市场化土地出让与计划性土地出让均有利于本地区区域协调发展能力提升，但计划性土地出让回归不显著，且市场化土地出让的影响效应大于计划性土地出让，进一步表明中部地区逐渐融入国家倡导的土地市场化改革，积极推进市场化土地出让方式；西部地区市场化土地出让与计划性土地出让均有利于本地区区域协调发展能力提升，且计划性土地出让的影响效应市场化大于土地出让，进一步说明西部地区经济发展水平相对东部、中部存在一定差距，市场化进程缓慢，土地资源是本地区发展经济的重要因素。从空间溢出效应看，本地区土地出让均有利于邻近地区区域协调发展能力提升，且东部地区的溢出效应 > 中部地区 > 西部地区。

本章通过构建中介效应回归模型检验"以地引资"影响区域协调发展能力的作用机制显示：交通基础设施的中介效应存在，对"以地引资"影响区域协调发展能力的中介效应达到0.009。

本章进一步通过构建了具有机制变量 ZJ_{it} 的回归模型，以土地财政 II 作为解释变量，分两步来检验作用机制。第一步，直接考察土地财政对相关机制变量的影响，进而分析影响区域协调发展能力的传导路径；第二步，运用"机制效应"估计思路，在已构建具有机制变量 ZJ_{it} 模型式的基础上，定量考察各机制变量在土地财政影响区域协调发展能力中的解释力度。

研究发现：（1）土地财政模式下地方政府"重城市、轻农村"的支出偏向是影响区域协调发展能力的重要机制，并得到了验证。（2）土地财政模式下地方政府对基础设施的投资，并形成的基础设施溢出效应是影响区域协调发展能力的重要机制。（3）城镇固定资产投资在解释土地财政对区域协调发展能力的负向效应中起了重要作用，而基础设施通达度在解释土地财政对区域协调发展能力的正向效应中起了重要作用，两大因素共同解释了土地财政对区域协调发展能力影响的29.63%。具体来看，土地财政模式下"重城市、轻农村"的城市偏向解释了土地财政的负向效应的7.41%，基础设施溢出解释了土地财政的正向效应的3.70%。（4）通过土地财政Ⅰ替换土地财政Ⅱ做的稳健性检验结果来看，无论是土地财政Ⅰ与相关机制变量回归，还是"机制效应"估计回归，其相关变量的系数及方向都与土地财政Ⅱ变量进行的回归接近，说明土地财政影响区域协调发展能力的机制稳定可靠，进一步说明了本书实证结果的稳健可靠。

第 **6** 章
Chapter 6

土地财政影响区域协调发展
能力的区域异质性特征
——基于浙滇比较分析

6.1　比较区域选择

　　区域经济经典理论认为影响区域经济增长的因素大致有四类：一是投入的生产要素，包括资源、劳动力、技术进步和资本等；二是区位条件；三是投资的软硬件环境；四是区域的外部环境。根据新古典区域增长理论，区域产出水平与资本、劳动和技术密切相关。本书从区域投入—产出出发比较分析浙江省与云南省在 1978 年、2017 年的要素禀赋状况，鉴于数据的可获取性，以人均地区生产总值近似表示区域产出，土地面积近似表示资源禀赋，总人口近似表示劳动力禀赋，全社会固定资产投资近似表示资本禀赋（见图 6 - 1）。浙江省的土地面积为 10.55 万平方公里，云南省的土地面积为 39 万平方公里，两者相差 28.45 万平方公里。1978 年，浙江省总人口 3750.96 万人，云南省总人口 3091.47 万人，两者相差 659.49 万人，浙江省人均地区生产总值为 331 元，云南省人均地区生产总值为 226 元，两者仅相差 105 元，浙江省全社会固定资产投资为 23.2 亿元，云南省全社会固定资产投资为 15.04 亿元，两者相差 8.16 亿元，浙江省城乡收入差距为 2.012，云南省城乡收入差距为 2.504[①]。可以发现，

　　[①]　资料来源：EPS 全球数据库的区域经济发展数据子库，经过笔者计算获得。

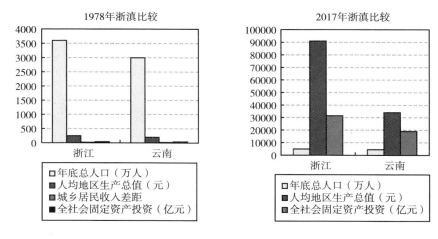

图 6 - 1　1978 年、2017 年浙江省与云南省要素禀赋比较

资料来源：EPS 全球数据库的区域经济发展数据子库，经过笔者计算获得。

1978 年，浙江省与云南省就区域要素禀赋来说，两者差别甚微。

　　然而，2017 年，浙江省总人口 5657 万人，云南省总人口 4801 万人，两者相差 856 万人。浙江省人均地区生产总值为 92057 元，云南省人均地区生产总值为 34545 元，两者相差 57512 元。浙江省全社会固定资产投资为 31696.03 亿元，云南省全社会固定资产投资为 18935.99 亿元，两者相差 12760.04 亿元。浙江省城乡收入差距为 2.060，云南省城乡收入差距为 3.077。可以发现，经过近 40 年的发展，浙江省与云南省发展差距明显，浙江省已经是发达省份，而云南省仍是欠发达省份。更为直观的是，2017 年，浙江省的土地财政依赖度居全国第一位，而云南省的土地财政依赖度排在全国倒数，但是浙江省的城乡收入差距相比 1978 年增幅很小，为 2.37%，说明区域内协调发展能力较强，而云南省的城乡收入差距相比 1978 年增幅较大，为 22.89%①，远超全国平均水平，说明区域内协调发展能力较弱。通过初步的比较分析，本书选取浙江省与云南省作为区域比较对象，具有一定的代表性，并进一步考察发达省份与欠发达省份的土地财政对区域协调发展能力的影响差异特征。

---

　　①　资料来源：EPS 全球数据库的区域经济发展数据子库，经过笔者计算获得。

6.2　浙滇两省区域内协调发展能力状况分析

6.2.1　浙江省区域内协调发展能力的时空差异分析

1. 浙江省区域内协调发展能力的时序变化

由表 6 - 1 及图 6 - 2 浙江省区域内协调发展能力综合评价结果来看，2007 ~ 2017 年，浙江省区域内协调发展能力值维持在 0.4 ~ 0.5 之间，2008 年达到顶峰，总体上比较稳定，2007 ~ 2013 年区域内协调发展能力值高于 0.4，而 2013 ~ 2017 年区域内协调发展能力值在 0.4 附近上下浮动。

表 6 - 1　　　　　　浙江省区域内协调发展能力的综合评价结果

地区	2007 年	2012 年	2017 年
杭州市	0.823	0.830	0.675
宁波市	0.611	0.636	0.592
温州市	0.363	0.319	0.415
嘉兴市	0.440	0.495	0.501
湖州市	0.405	0.386	0.414
绍兴市	0.459	0.431	0.461
金华市	0.412	0.381	0.335
衢州市	0.320	0.299	0.279
舟山市	0.358	0.343	0.391
台州市	0.359	0.307	0.289
丽水市	0.316	0.300	0.249

资料来源：根据评价指标体系测算所得。

2. 浙江省区域内协调发展能力的空间特征分析

采用 GIS 的自然断裂点分级方法，将浙江省区域内协调发展能力划分为低等水平、中低水平、中等水平、中高水平和高等水平五个等级，浙江省的区域内协调发展水平呈由北向南递减趋势，并且区域内协调发展水平逐年向高值发展，整体协调发展水平高。

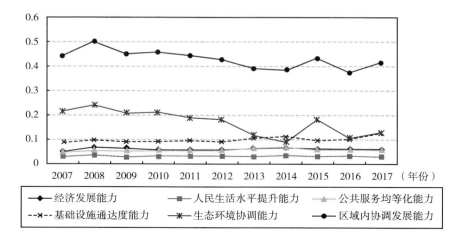

图6-2 浙江省区域内协调发展能力综合评价结果

6.2.2 云南省区域内协调发展能力的时空差异分析

1. 云南省区域内协调发展能力的时序变化

由表6-2及图6-3云南省区域内协调发展能力综合评价结果来看，2007~2017年，云南省区域内协调发展能力值维持在0.3~0.55，2013年达到顶峰，总体上波动较大，2007~2012年区域内协调发展能力值低于0.4，而2012~2017年区域内协调发展能力值略高于0.4。

表6-2 云南省区域内协调发展能力的综合评价结果

地区	2007年	2012年	2017年
昆明市	0.922	0.805	0.801
曲靖市	0.418	0.431	0.489
玉溪市	0.573	0.655	0.659
保山市	0.357	0.421	0.417
昭通市	0.221	0.236	0.382
丽江市	0.283	0.359	0.348
普洱市	0.358	0.342	0.440

地区	2007 年	2012 年	2017 年
临沧市	0.331	0.339	0.379
楚雄州	0.521	0.406	0.446
红河州	0.376	0.401	0.446
文山州	0.407	0.315	0.405
西双版纳州	0.237	0.352	0.280
大理州	0.320	0.385	0.439
德宏州	0.345	0.376	0.455
怒江州	0.206	0.236	0.419
迪庆州	0.309	0.295	0.475

资料来源：根据评价指标体系测算所得。

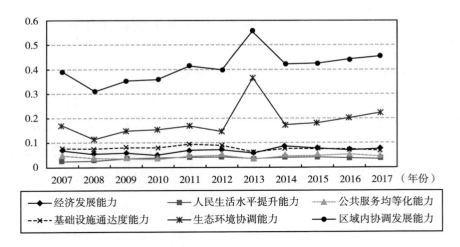

图 6 – 3 云南省区域内协调发展能力综合评价结果

2. 云南省区域内协调发展能力的空间特征分析

采用 GIS 的自然断裂点分级方法，将云南省区域内协调发展能力划分为低等水平、中低水平、中等水平、中高水平和高等水平五个等级，云南省的区域内协调发展水平呈由中心向四周递减的趋势，并且区域内协调发展水平逐年向高值发展。

6.3　浙滇两省土地财政规模测算与比较

　　基于数据的可获得性，省域土地财政规模以土地财政 I 表示，即以土地出让金为主要核算标准。由表 6 - 3、表 6 - 4、图 6 - 4、图 6 - 5 浙滇两省土地财政规模及土地财政依赖结果来看，2007 ~ 2017 年，浙江省的土地财政规模体量较大，总体呈起伏波动上升状态，但土地财政依赖程度呈起伏波动下降发展；云南省的土地财政规模体量较小，起伏波动也小，但土地财政依赖程度起伏波动相对较大，总体呈下降趋势。基于两省比较视角，本书以浙江省 2017 年土地财政规模为基础，具体做法是借助 Arc-Gis10.1 软件的自然断裂法对浙江省 2017 年土地财政规模进行分级，分为低级规模、初级规模、中级规模及高级规模，然后根据 2017 年浙江省的土地财政分级断裂点为划分标准，继续对云南省 2017 年土地财政规模进行分级。可以发现，浙江省的土地财政规模总体等级较高，以初级规模与中级规模为主，也有少许高级规模的存在，主要以杭州市为典型，而云南省的土地财政规模总体等级偏低，除了昆明市属于中级规模外，其余地州全部属于初级规模，进一步验证了浙江省土地财政规模发展较快，云南省土地财政规模发展不足的事实。

表 6 - 3　　　　　　　　　　**浙江省土地财政规模测算结果**　　　　　　单位：亿元

地区	2007 年	2012 年	2017 年
杭州市	518.627	729.470	2260.182
宁波市	225.444	478.635	869.027
温州市	157.454	475.807	498.796
嘉兴市	123.000	239.070	514.100
湖州市	82.478	161.630	210.021
绍兴市	225.170	262.537	313.728
金华市	108.130	335.661	256.900
衢州市	24.504	60.196	80.039
舟山市	46.113	83.978	40.313
台州市	108.080	137.512	241.874
丽水市	60.469	69.760	64.029

资料来源：由 EPS 全球数据库中的国土数据库和财政数据库数据手工计算所得。

表 6 - 4 　　　　　　　　　　　云南省土地财政规模测算结果　　　　　　　单位：亿元

地区	2007 年	2012 年	2017 年
昆明市	29. 401	722. 642	317. 787
曲靖市	16. 394	42. 414	9. 951
玉溪市	7. 225	28. 609	28. 766
保山市	7. 838	14. 492	19. 423
昭通市	2. 061	16. 971	19. 586
丽江市	1. 168	6. 790	4. 974
普洱市	2. 420	11. 875	7. 900
临沧市	0. 647	2. 288	3. 411
楚雄州	7. 275	24. 714	19. 270
红河州	10. 174	28. 731	30. 514
文山州	8. 476	6. 446	27. 385
西双版纳州	0. 608	19. 511	9. 349
大理州	9. 192	33. 865	27. 871
德宏州	0. 923	9. 308	8. 938
怒江州	0. 380	1. 893	0. 441
迪庆州	0. 029	4. 333	0. 535

资料来源：由 EPS 全球数据库中的国土数据库和财政数据库数据手工计算所得。

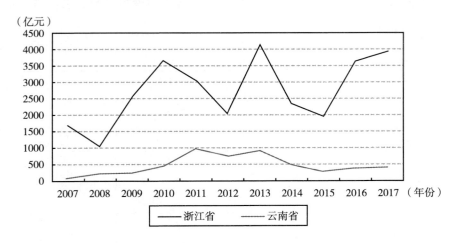

图 6 - 4　浙滇两省 2007 ~ 2017 年土地财政规模

资料来源：笔者根据表 6 - 3、表 6 - 4 计算而得。

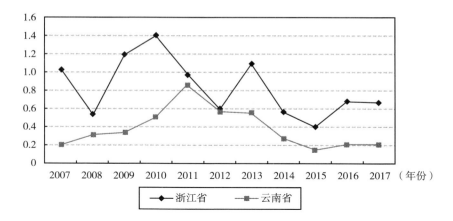

图 6 - 5　浙滇两省 2007 ~ 2017 年土地财政比较

资料来源：笔者根据 EPS 全球数据库中的国土数据库和财政数据库数据计算所得。

6.4　浙滇两省土地财政对区域内协调发展 能力影响的分析与比较

为了能够比较浙江省与云南省的土地财政对区域内协调发展能力的区域差异，即浙滇两省土地财政影响区域内协调发展能力的效应大小，对所有变量数据做了标准化处理，以期进行标准化回归，原因在于数据经过标准化处理后消除了量纲、数量级等差异的影响，使得不同变量之间具有可比性，因此可以用标准化回归系数来比较不同自变量对因变量的作用大小，从而实现两省的比较（王海燕等，2006）。

6.4.1　研究设计

1. 样本选择与数据来源

为了比较分析浙滇两省土地财政对区域内协调发展能力的影响，本书分别选取 2007 ~ 2017 年浙江省 11 个地级市、云南省 16 地级市为研究样本，本书相关数据主要来源于历年《中国国土资源统计年鉴》《中国统计年鉴》《中国财政统计年鉴》《中国环境统计年鉴》《中国交通统计年鉴》《中国税收统计年鉴》等，以及 EPS 数据库、中经网数据库、Wind 数据库。同时，本书对相关数据进行了如下处理：人均 GDP 均调整为 2000 年不变价格的水平，固定资产投资与外商直接投资均采用 2000 年国民生产价值指数进行平减。

2. 模型构建与变量选取

为了考察发达省份与欠发达省份的土地财政对区域协调发展能力的影响差异特征，本书构建回归方程式（6-1），并运用双向固定效应模型进行回归。

$$SRcdc_{it} = \varphi_0 + \varphi_1 SLf_{it} + \varphi_2 SLf_{it}^2 + \varphi_3 Control_{it} + \delta_t + \mu_i + \varepsilon_{it} \qquad (6-1)$$

在式（6-1）中，$SRcdc_{it}$ 代表区域省域内协调发展能力，由前文测算而定。SLf_{it} 代表省域土地财政，主要指省域土地财政 I。SLf_{it}^2 代表省域土地财政的平方项，用于检验土地财政对区域内协调发展能力的非线性关系。Control 为控制变量集合，分别包含了省域经济发展水平（SRGDP）、省域人力资本（SHC）、省域城市规模（SCS）、省域固定资产投资（SFixed）、省域产业结构（SIS）、省域对外开放（SFDI）、省域转移支付（STransfer）、省域城市化水平（SUR）。下标为地级市的个体，t 为年份。φ_0 为常数，δ_t 为时间固定效应，μ_i 为个体固定效应，ε_{it} 为随机扰动项。表6-5为主要变量定义描述。

表6-5　　　　　　　　　　　主要变量定义

变量名称	变量符号	变量定义
因变量		
省域区域内协调发展能力	SRcdc	主要由前文的综合评价指标体系测算得出
自变量		
省域土地财政	SLF	省域土地财政 I

续表

控制变量		
省域经济发展水平	SRGDP	以人均 GDP 核算表示
省域人力资本	SHC	以每万人中高校在校生人数表示
省域城市规模	SCS	以人口规模衡量
省域固定资产投资	SFixed	以固定资产投资占 GDP 比重衡量
省域产业结构	SIS	以第二、第三产业产值占 GDP 比重衡量
省域对外开放	SFDI	以外商直接投资额表示
省域转移支付	STransfer	以转移支付金额表示
省域城市化水平	SUR	以城镇化率衡量

6.4.2　实证检验与结果分析

表 6-6 为浙江省与云南省土地财政影响区域内协调发展能力的回归结果。第（57）列为浙江省的基准回归，省域土地财政 SLF 的系数为 0.388 且在 5% 的水平上显著，省域土地财政平方项 SLF^2 的系数为 -0.071 且在 1% 的水平上显著，可以发现浙江省的土地财政与区域内协调发展能力是非线性关系，呈倒"U"型，其拐点值为 2.732，也就是说，当 SLF < 2.732 时，土地财政有利于区域内协调发展能力的发展，当 SLF ≥ 2.732 时，土地财政不利于区域内协调发展能力的发展。为了进一步控制相关变量的影响，第（58）列为浙江省的双向固定效应回归，并且加入了控制变量，省域土地财政 SLF 的系数为 0.234 且在 10% 的水平上显著，省域土地财政平方项 SLF^2 的系数为 -0.044 且在 1% 的水平上显著，可以发现浙江省的土地财政与区域内协调发展能力同样是非线性关系，呈倒"U"型，比较稳健，其拐点值为 2.659，也就是说，当 SLF < 2.659 时，土地财政有利于区域内协调发展能力的发展，当 SLF ≥ 2.659 时，土地财政不利于区域内协调发展能力的发展。

表 6 - 6　　　　　浙滇土地财政影响区域内协调发展能力的比较分析

解释变量	浙江省		云南省	
	基准回归	双向固定效应回归	基准回归	双向固定效应回归
	(57)	(58)	(59)	(60)
SLF	0.388 ** (2.79)	0.234 * (1.65)	-0.617 ** (-2.84)	-0.217 * (-1.35)
SLF^2	-0.071 *** (-4.01)	-0.044 *** (-3.29)	0.067 ** (2.57)	0.026 * (1.40)
SRGDP		-0.023 (-0.36)		-0.142 * (-1.42)
SHC		0.394 ** (2.89)		1.986 ** (2.63)
SCS		0.470 (0.47)		-1.251 *** (-3.12)
SFixed		0.247 *** (3.60)		0.114 * (1.52)
SIS		0.059 (0.39)		-0.043 (-0.46)
SFDI		0.165 *** (3.66)		-0.131 * (-5.21)
STransfer		0.040 * (1.35)		0.013 * (0.24)
SUR		0.111 (0.55)		-0.617 ** (-2.39)
拐点值	2.732	2.659	4.604	4.173
Controls, Year&area	Yes	Yes	Yes	Yes
R-squared	0.515	0.776	0.001	0.019
N	121	121	176	176

注：（1）括号内为稳健标准误；（2）***、**、*分别表示1%、5%和10%的显著水平；（3）Controls 包括表 5 - 1 中的全部控制变量。

第（59）列为云南省的基准回归，省域土地财政 SLF 的系数为 − 0. 617 且在 5% 的水平上显著，省域土地财政平方项 SLF² 的系数为 0. 067 且在 5% 的水平上显著，可以发现云南省的土地财政与区域内协调发展能力是非线性关系，呈"U"型，其拐点值为 4. 604，也就是说，当 SLF < 4. 604 时，土地财政不利于区域内协调发展能力的发展，当 SLF ≥ 4. 604 时，土地财政有利于区域内协调发展能力的发展。为了进一步控制相关变量的影响，第（60）列为云南省的双向固定效应回归，并且加入了控制变量，省域土地财政 SLF 的系数为 − 0. 217 且在 10% 的水平上显著，省域土地财政平方项 SLF² 的系数为 0. 026 且在 10% 的水平上显著，可以发现云南省的土地财政与区域内协调发展能力同样是非线性关系，呈"U"型，比较稳健，其拐点值为 4. 173，也就是说，当 SLF < 4. 173 时，土地财政不利于区域内协调发展能力的发展，当 SLF ≥ 4. 173 时，土地财政有利于区域内协调发展能力的发展。

通过考察表 6 − 6 浙滇两省土地财政对区域内协调发展能力影响的回归结果，可以发现：（1）基准回归比较。浙江省的土地财政与区域内协调发展能力呈现倒"U"型的非线性关系，其拐点值为 2. 732，而云南省的土地财政与区域内协调发展能力呈现"U"型的非线性关系，其拐点值为 4. 604。两省存在非线性关系形状与拐点值的巨大差异，说明浙江省的土地财政发展早且成熟，对经济社会发展的敏感度高，云南省的土地财政发展晚且不成熟，对经济社会发展的敏感度相对较低。（2）双向固定效应回归。浙江省的土地财政与区域内协调发展能力呈现倒"U"型的非线性关系，其拐点值为 2. 659，而云南省的土地财政与区域内协调发展能力呈现"U"型的非线性关系，其拐点值为 4. 173。从两省回归结果来看，两省存在非线性关系形状与拐点值的巨大差异，并且是稳健的（见图 6 − 6）。（3）依据双向固定效应模型的拐点值，即浙江省的拐点值 SLF浙江 = 2. 659，SLF云南 = 4. 173，可以比对浙江省与云南省地级市的土地财政对区域内协调发展能力影响的具体阶段状况（见表 6 − 7）。当土地财政拐点值 G < 2. 659 时，浙江省土地财政对区域内协调发展能力具有积极影响，此时在 2007 ~ 2017 年浙江省 121 个地级市样本中，有 118 个地级市样本的土地财政低于

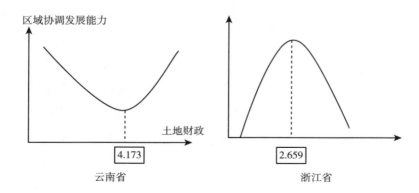

图 6 - 6　浙滇两省土地财政拐点值对比

表 6 - 7　　　　　　浙滇土地财政影响区域内协调发展能力的阶段状况比较

土地财政拐点值 G	浙江省			云南省		
	作用方向	样本地级市个数（个）	样本年份	作用方向	样本地级市个数（个）	样本年份
G < 2.659	积极作用	118（除 2017、2016、2013 杭州市外）	2007 ~ 2017	消极作用	172	2007 ~ 2017
2.659 ≤ G < 4.173	消极作用	2（杭州市）	2016、2013	消极作用	1（昆明市）	2017
G ≥ 4.173	消极作用	1（杭州市）	2017	积极作用	2（昆明市）	2011、2012、2013

拐点值，比例高达 92.521%，说明浙江省各地级市土地财政总体上有利于区域内协调发展能力的提升，离土地财政对区域内协调发展能力的消极影响还有一段距离；而云南省土地财政对区域内协调发展能力具有消极影响，此时 2007 ~ 2017 年云南省 176 个地级市样本中，有 172 个地级市样本的土地财政低于拐点值，比例高达 97.727%，说明云南省各地级市土地财政总体上不利于区域内协调发展能力的提升，各地级市的土地财政规模较小，离土地财政对区域内协调发展能力的积极影响差距较大，需要进一步促进土地财政的发展。当土地财政拐点值 2.659 ≤ G < 4.173 时，浙江省土地财政对区域内协调发展能力具有消极影响，此时在 2007 ~ 2017 年浙江省 121 个地级市样本中，有 2 个地级市样本的土地财政处于拐点值范围内，

比例为 1.653%，说明浙江省少量地级市土地财政对区域内协调发展能力出现了消极影响，需要警惕；而云南省土地财政对区域内协调发展能力具有消极影响，此时，2007～2017 年云南省 176 个地级市样本中，有 1 个地级市样本的土地财政处于拐点值范围内，比例为 0.568%，说明云南省少量地级市土地财政发展有起色，离土地财政对区域内协调发展能力的积极影响又近了一步，需要继续促进土地财政的发展。当土地财政拐点值 G≥4.173 时，浙江省土地财政对区域内协调发展能力具有消极影响，此时在 2007～2017 年浙江省 121 个地级市样本中，有 1 个地级市样本的土地财政处于拐点值范围内，比例为 0.826%，说明浙江省少量地级市土地财政对区域内协调发展能力出现消极影响了，但是数量极少，仍然需要警惕；而云南省土地财政对区域内协调发展能力具有积极影响，此时 2007～2017 年云南省 176 个地级市样本中，有 2 个地级市样本的土地财政处于拐点值范围内，比例为 1.136%，说明云南省有少量地级市的土地财政取得了发展，已经可以形成少量地级市的土地财政对区域内协调发展能力提升具有积极影响，仍然需要加强发展土地财政。

6.5　本章小结

本章主要是对浙江省与云南省的土地财政对区域内协调发展能力影响做了比较分析，主要内容包括两省区域内协调发展能力测算与比较、两省土地财政规模测算与分析，以及两省土地财政对区域内协调发展能力的影响效应比较分析，具体内容如下：

（1）浙滇两省区域内协调发展能力测算与比较。通过构建的区域内协调发展能力综合评价指标体系，分别测算了浙江省与云南省 2007～2017 年的区域内协调发展能力状况。浙江省的区域内协调发展能力相较于云南省而言，它具有区域内协调发展能力水平较高且稳定的特点，而云南省总体上处于上升状态，但水平较低。

（2）浙滇两省土地财政规模测算与分析。2007～2017 年，浙江省的土地财政规模体量较大，总体呈起伏波动上升状态，但土地财政依赖程度呈起伏波动下降发展；云南省的土地财政规模体量较小，起伏波动也小，但土地财政依赖程度起伏波动相对较大，总体呈下降趋势。

（3）浙滇两省土地财政对区域内协调发展能力的影响效应比较分析。通过构建计量回归模型，并运用双向固定效应模型进行回归，结果发现，浙江省与云南省的土地财政对区域内协调发展能力具有如下特征：第一，对浙江省而言，土地财政发展较早且比较成熟，总体上还在发挥土地财政对区域内协调发展能力的红利效应，仅有少量地级市出现土地财政对区域内协调发展能力的消极影响，并且少量地级市暂时出现在省会杭州市，对于浙江省的土地财政发展来说，应该做好土地财政对区域内协调发展能力消极影响的预警，并主动采取系统性防范措施体系。第二，对云南省而言，土地财政发展缓慢，总体上还未发挥土地财政对区域内协调发展能力的红利效应，仅有少量地级市出现土地财政对区域内协调发展能力的积极影响，并且少量地级市暂时出现在省会昆明市，对于云南省的土地财政发展来说，应该加大对区域土地财政的发展力度，主动把握土地财政的发展积极性，为土地财政的发展制定系统性的政策体系。第三，基于浙江省与云南省的土地财政对区域内协调发展能力的影响比较，初步判断发达区域与欠发达区域的土地财政对区域内协调发展能力影响具有截然相反的效应，因此，对待土地财政发展应该具有区域差别化管理的理性态度，切忌"一刀切"。

第 7 章　区域协调发展能力提升机制设计

Chapter 7

土地财政对区域协调发展能力既有正向影响效应，也存在负向影响效应，且具有明显的区域异质性特征。考虑到土地财政对区域协调发展能力影响的复杂机制，我们不能把区域发展差距扩大和地区收入差距恶化全部归咎于土地财政，更不能提倡"一刀切"式全盘取缔土地财政。政府部门与学术界应根据土地财政影响区域协调发展能力的内在机制，在现有法律框架范围内，进行政策优化，尽量减少土地财政对区域协调发展能力的负向影响，才能在确保经济平稳发展基础上，最大限度促进经济高质量发展。

7.1　深入推进土地市场化改革

7.1.1　建立健全城乡统一的建设用地市场

建立健全城乡统一建设用地市场是提升农村土地价值的重要手段，也是实现城乡统筹发展的有力举措。城乡统一建设用地市场建设在激活农村土地要素活力，实现城乡土地要素与资本、劳动等要素自由结合方面发挥重要作用，有利于推动城乡统筹发展。当前推动城乡统一建设用地市场建设需要做好以下几方面工作。一是要明确入市对象范围和入市主体。明晰土地产权关系是保证市场交易有序进行的前提，也是发挥市场机制、优化土地资源配置的重要条件。具体而言，需要推进包括农村宅基地在内的集体建设用地流转制度改革，以及加强农村地籍调查，高效完成集体土地确权发证工作，明确集体土地所有权、使用权的主体。二是加快城乡建设用地价格机制体系建设。积极探索建立城乡一体的土地等级与基准地价，建立土地入市交易的成本价格测算机制，促使集体经营性建设用地与国有建设性用地同等入市，同权同价。三是积极探索入市收益分配制度。要科学研究土地增值收益的分配方式，对参与分配的人员、集体经济组织进行合理界定，认真处理土地增值涉及的收益分配调节金问题，对土地增值收益分配调节金的设置以及计算、使用方式、分配方式、分成比例等要科学合理确定。努力保障农民权益，使农民公平参与土地增值收益分配。

7.1.2　推进新型城镇化背景下的户籍制度改革

积极推进新型城镇化背景下的户籍制度改革，促进劳动力有序流动。新型城镇化是农民转变为市民、并融入城市的过程。最重要的是，使得农村进入城市的 2.6 亿名农民工能够改善福利，充分体现社会公平公正[1]。户籍制度改革具有扩大消费、带动农民增加收入，降低社会管理成本等多重功效。不仅如此，在地方政府投资偏向影响下，户籍改革的目的在于全民共享城市发展成果，以及实现农村土地规模化、集约化利用，达成城乡土地等价入市，实现现代化发展，从而促进区域协调发展。因此，国家需要继续推进统一城乡户口登记制度，全面放宽城区常住人口 300 万～500 万人的大城市落户条件，完善城区常住人口 500 万人以上的超大特大城市积分落户政策，推动超大特大城市调整完善积分落户政策，探索推动在长三角、珠三角等城市群率先实现户籍准入年限同城化累计互认[2]。

① 黄奇帆：全国放开落户限制的影响有多大？［EB/OL］. 新浪财经网，2020 - 5 - 19.
② 资料来源：中华人民共和国国家发展和改革委员会网站。

7.2 去除土地财政依赖的制度土壤

7.2.1 深化国家财政体制改革，促进地方政府事权与财权的合理匹配

一是完善财政转移支付制度，提高一般性转移支付的同时，多渠道整合专项转移支付资金，提高转移支付资金使用效率，同时，规范专项转移支付的实施办法，充分考虑地方政府承受能力，严格区分中央和地方事权的责任落实制，依据相应事权配套财权，对欠发达地区强化财权倾斜的扶持力度。二是积极推进财政层级扁平化发展，增强分税制财政体制的稳定性与合理性，依据"省直管县""乡财县管配套改革"等试点经验，强化财政层级扁平化发展，增强基层财政的保障力度，缓解基层事权和财权的不匹配矛盾，并积极塑造适应市场经济发展的分税制财政体系，促进基层财政发展基本公共服务的能动性、保障经济可持续发展。

7.2.2 完善政绩考核体系，激励地方政府向公共治理职能转变

政绩考核体系要聚焦推动高质量发展的考核内容。对应创新、协调、绿色、开放、共享发展要求，精准设置关键性、引领性指标，实行分级分类考核，引导领导班子和领导干部抓重点破难题、补短板锻长板。坚持定性与定量相结合，考人与考事相结合，综合运用多种方式考准考实领导干部推动高质量发展政绩，以奖惩分明、奖优罚劣激励领导干部担当作为、推动发展。转变地方政府的考核标准，降低经济发展指标的考核比重，增加区域协调发展相关指标的考核比重，促使区域的可持续发展，进一步明确土地财政用于民生福利谋取的支出比重，并加强对土地财政支出管理与审计。

7.3 实施区域差别化的土地财政政策

制定区域差别化土地财政发展政策，充分释放土地财政对区域协调发展能力影响的红利效应。区域间的土地财政发展存在明显的差异，同时，土地财政对区域内协调发展能力的影响也具有区域差异性，需要制定区域差别化的土地财政发展措施，以期充分发挥土地财政对区域协调发展能力影响的红利效应。

7.4 加快后土地财政发展转变，融入新时代发展战略框架

7.4.1 加强土地财政规模测算与区域协调发展能力评价的科学技术发展，提高研判精准度

一是研判准则的精准。从全国层面来说，需要在充分考虑区域差距的基础上，科学合理地制定相对统一的评价标准，并形成具有制度准则的规程，从而实现对各区域的指导规范作用；从各区域层面来看，需要在全国统一的评价规程的指导下，合乎实际地制定本区域的评价体系，并保证能够与国家评价准则接轨，实现区域之间的可比性。二是研判结果的精准。精准获取区域科学研判土地财政对区域内协调发展能力影响的阶段特征，形成可供国家及区域制定科学区域协调发展战略措施体系的参考依据。三是研判结果运用精准。将研判结果纳入地方绩效考核，并运用网络技术进行跟踪督查，扭转地方政府唯 GDP 论的考核标准，促使地方政府提升区域内协调发展能力。

7.4.2　土地财政要积极融入乡村振兴战略，实现区域协调发展战略适应新时代发展要求

区域协调发展涉及的主要内容之一是城乡协调发展。城乡融合发展成为实现乡村振兴的根本路径，也成为促进区域内协调发展，实现全民共享全面建成小康社会成果的关键举措。农村建设用地利用低效是阻碍农村经济发展的重要因素，在国家力推城乡统一用地市场建设的政策下，探究土地财政驱动农村建设用地入市的调控措施有利于发挥土地财政对乡村振兴战略的积极效应，也有利于实现区域协调发展战略与乡村振兴战略的双向融合发展。因此，国家层面需要明晰农村集体土地财产权利，赋予城乡建设用地同等的法律地位；中央财政支持与农村建设用地的整治工程，提高农村建设用地的市场价值，推动农村建设用地指标向城镇流转；明确农村建设用地入市后的利益分配机制，保障农村、农民的基本权益。

7.4.3　瞄准区域协调发展三大目标，保障土地财政对区域协调发展的积极影响

习近平总书记在 2017 年底的中央经济工作会议中明确提出，区域协调发展要实现三大目标，即基本公共服务均等化、基础设施通达程度比较均衡和人民生活水平大体相当。随即在 2018 年 11 月 18 日，中共中央国务院发布的《关于建立更加有效的区域协调发展新机制的意见》重申了区域协调发展的这三大目标。说明当下区域协调发展的三大目标具有全局统领性指导作用，各区域要紧紧围绕三大目标进行谋篇布局，出台相应的措施体系，保障区域协调发展三大目标的科学有效实现，同时，在三大目标统领指导下，还需科学把握区域特征，寻找区域协调发展的落脚点及创新处，为区域协调发展三大目标的高效实现保驾护航。

第 8 章
Chapter 8

主要结论与学术创新

8.1 主要结论

本书在对土地财政与区域协调发展能力相关文献进行梳理的基础上，运用多种理论分析与实证检验的方法，就土地财政发展模式下地方政府行为对区域协调发展能力的影响及其作用机制进行了系统研究，主要试图回答四个问题：一是土地财政发展模式下的地方政府行为逻辑是什么？二是土地财政对区域协调发展能力产生了怎样的影响？三是土地财政影响区域协调发展能力的作用机制是什么？四是土地财政对区域协调发展能力的影响是否具有明显的区域异质性？在全面考察上述问题的基础上，从优化地方政府土地财政发展模式视角提出区域协调发展能力提升的相关政策体系。

本书回顾并评述了国内外文献对该问题的研究状况，同时，对研究涉及的基础理论进行了提炼，并以此为基础多视角地剖析了土地财政对区域协调发展能力的影响机理，通过机理分析形成了本书的理论假设与框架。在对传统区域协调发展的评价标准进行借鉴的基础上，结合区域协调发展的时代背景与目标选择，构建了我国区域协调发展能力评价指标体系，并加以测算分析，运用统计分析方法分别得到国家和省域层面的区域协调发展能力水平，以及得到了分项指标的数值，具体为经济发展能力水平、人民生活水平提升能力水平、公共服务均等化能力水平、基础设施通达度能力水平、生态环境协调能力水平，一方面，所得到的指标值能够直观地反映我国及省域区域协调发展能力状况特征；另一方面，也为实证研究提供了重要的数据支撑。本书的主要结论如下：

（1）土地财政与区域协调发展水平存在发展方向的一致性。我国区域协调发展能力总体上呈沿海向内陆递减的趋势，土地财政规模呈现上升发展态势，并呈现沿海向内陆递减的趋势。

（2）土地财政对区域协调发展能力既有正向效应，也存在负向效应，二者是非线性关系，且具有明显的区域异质性特征。总体来看，无论是土地财政 I 还是土地财政 II，它们与区域协调发展能力的关系是非线性的，呈现"U"型。分区域看，东部地区的土地财政与区域协调发展能力的关系呈"U"型，中部地区的土地财政与区域协调发展能力的关系呈倒"U"型，西部地区的土地财政与区域协调发展能力的关系呈"U"型，不同的是，拐点值存在微小差异，并且东部地区与中部地区的回归结果不显著，西部地区的回归结果显著。空间溢出上分析，东部地区的溢出效应 > 中部地区 > 西部地区。

而进一步通过选取浙江省与云南省的比较分析发现，两省的土地财政与区域内协调发展能力之间存在非线性关系形状与拐点值的巨大差异，浙江省的土地财政发展早且成熟，对经济社会发展的敏感度高，云南省的土地财政发展晚且不成熟，对经济社会发展的敏感度相对较低。

（3）区域协调发展三大目标有效调节了"以地生财"对区域协调发展能力的影响；交通基础设施的中介效应存在，对"以地引资"影响区域协调发展能力的中介效应达到 0.009。

（4）土地财政对区域协调发展能力影响存在两条相对清晰的传导路径。具体而言，在财政激励和晋升激励的双重刺激下，地方政府作为"理性经济人"，它会选择重点投资城市建设、回收效应快的城市基础设施，从而形成了城市偏向的发展路径依赖，导致城乡之间或区域之间的差距扩大，对区域协调发展能力产生离心力；而当中央下达"纠偏"约束后，如党的十九大强调要在兼顾公平与效率基础上进一步促进区域协调发展，以及实施城乡融合发展、乡村振兴战略等系列统筹发展政策，此时，地方政府不得不考虑改变投资策略，加大投资落后区域或农村地区的发展，形成一定的政策溢出效应，缓解城乡之间与区域之间的发展差距，对区域协调发展能力产生向心力，至于土地财政是否会对区域协调发展能力产生影响，取决于离心力与向心力的作用反馈。

进一步的传导机制检验表明，政府城市偏向在解释土地财政对区域协调发展能力的负面效应中起了重要作用，而基础设施溢出在解释土地财政对区域协调发展能力的正面效应中起了重要作用，两大机制共同解释了土地财政对区域协调发展能力影响的 29.63%。

8.2　学术创新

大致而言，本书为此所作的学术创新可以简述如下。

（1）拓宽了土地财政与区域协调发展领域的研究视角。一是同时考察财政激励下的"以地生财"与晋升激励下的"以地引资"两种地方政府行为对区域协调发展能力的影响，既丰富了土地财政领域研究成果，也弥补了土地财政对区域协调发展能力系统研究不足的空白；二是细化了异质性研究，体现为本书不仅考察了全国宏观范围内土地财政影响区域协调发展能力的异质性特征，还选取了重点区域微观考察地级市范围内土地财政影响区域协调发展能力的异质性特征，使得研究结论更具有普适性。

同时，本书研究结果对客观认识土地财政功过，以及从土地资源配置、地方政府行为视角提高区域协调发展能力建设具有重要意义。发达区域与欠发达区域的土地财政对区域协调发展能力影响具有截然相反的效应，因此，对待土地财政发展应该具有区域差别化管理的理性态度，切忌"一刀切"，我们应该持续完善社保体系并推进土地制度改革，优化社会分配格局。与此同时，我们更应该思考高质量发展背景下如何改革土地制度与优化区域发展措施体系。

（2）揭示了土地财政对区域协调发展能力影响的作用机制及作用程度。有关土地财政对区域协调发展能力的影响，已有文献主要指出了影响的存在性，但并未对作用机制与机制贡献度进行探索，更没有给出严谨的经验证据。本书实证检验了土地财政影响区域协调发展能力的两种作用机制：第一，地方政府可以通过土地收益收入拓宽财政空间，缓解事权和财权的错配，从而保持地方政府正常运转，属于财政激励范畴，但在传统的发展模型下，地方政府作为"理性经济人"，它会选择重点投资城市建设和回收效应快的城市基础设施，从而形成了城市偏向的发展路径依赖，导致城乡之间或区域之间的差距扩大，对区域内协调发展能力产生离心力；第二，地方政府在保持正常运转的前提下，可能还具有发展区域经济的能动性和积极性，以获得较高的中央考核评价，从而实现晋升目标。而当中央调整考核风向标后，如党的十九大强调要在兼顾公平与效率基础上进一步促进区域协调发展，以及实施城乡融合发展、乡村振兴战略等系列统筹发展政策，此时，地方政府不得不考虑改变投资策略，加大投资落后区域或农村地区的发展，形成一定的政策溢出效应，其中以基础设施溢出效应最明显，有效缓解了城乡之间与区域之间的发展差距，对区域内协调发展能力产生向心力。

参 考 文 献

[1] 蔡昉,都阳. 区域差距、趋同与西部开发 [J]. 中国工业经济, 2001 (2): 48-54.

[2] 蔡昉,都阳. 中国地区经济增长的趋同与差异——对西部开发战略的启示 [J]. 经济研究, 2000 (10): 30-37, 80.

[3] 蔡静,杜建国. 浅议区域文化与区域经济的发展 [J]. 商场现代化, 2009 (7): 209-210.

[4] 蔡志刚,周颖. 促进区域经济发展的财税政策国际比较与借鉴 [J]. 审计与经济研究, 2005, 20 (1): 80-84.

[5] 晁恒,李贵才,林雄斌. 新型城镇化背景下土地财政模式的有效性与合理性探讨 [J]. 城市发展研究, 2014, 21 (7): 7-15.

[6] 陈百明. 区域土地可持续利用指标体系框架的构建与评价 [J]. 地理科学进展, 2002, 21 (3): 204-215.

[7] 陈栋生. 实现90年代区域经济发展任务的关键 [J]. 贵州社会科学, 1991 (7): 10-11.

[8] 陈多长,李小敏. 工业化、城市化及产业结构演进对土地财政依赖的影响——基于内地城市与香港比较的视角 [J]. 浙江工业大学学报 (社会科学版), 2014, 13 (4): 368-374.

[9] 陈多长,游亚. 地方政府土地财政行为对城镇化模式选择的影响 [J]. 经济体制改革, 2016 (1): 20-27.

[10] 陈锋. 区域文化史与区域经济史的研究理路 [J]. 湖南社会科学, 2020 (1): 110-116.

[11] 陈国富,卿志琼. 财政幻觉下的中国土地财政——一个法经济

学视角 [J]. 南开学报 (哲学社会科学版)，2009 (1): 69 - 78.

[12] 陈坤秋，龙花楼. 中国土地市场对城乡融合发展的影响 [J]. 自然资源学报，2019，34 (2): 221 - 235.

[13] 陈秀山，徐瑛. 中国区域差距影响因素的实证研究 [J]. 中国社会科学，2004 (5): 117 - 129，207.

[14] 陈耀. 新时代我国区域协调发展战略若干思考 [J]. 企业经济，2018，37 (2): 11 - 19，2.

[15] 陈英楠，黄楚倩，关霭玲. 中国土地财政：概念性框架及规模再估算 [J]. 产经评论，2017，8 (3): 120 - 134.

[16] 陈莹，杨芳玲. 中国城镇化与土地财政耦合协调关系研究——基于省级面板数据的分析 [J]. 南京农业大学学报 (社会科学版)，2018，18 (1): 106 - 114，163.

[17] 陈永正，董忻璐. 土地财政对地方财力及公共服务供给的影响研究述评 [J]. 上海行政学院学报，2015，16 (5): 101 - 111.

[18] 陈志勇，陈莉莉. 财政体制与地方政府财政行为探讨——基于治理"土地财政"的视角 [J]. 中南财经政法大学学报，2009 (2): 42 - 46，143.

[19] 程开明，李金昌. 城市偏向、城市化与城乡收入差距的作用机制及动态分析 [J]. 数量经济技术经济研究，2007 (7): 116 - 125.

[20] 崔军，杨琪. 新世纪以来土地财政对城镇化扭曲效应的实证研究——来自一二线城市的经验证据 [J]. 中国人民大学学报，2014，28 (1): 55 - 64.

[21] (英) 大卫·李嘉图. 政治经济学与赋税原理 [M]. 北京：华夏出版社，2005.

[22] 戴颂华. 试论我国市场经济体制下的区域协调发展 [J]. 规划师，2000，16 (1): 110 - 112.

[23] 邓宏兵，曹媛媛. 中国区域协调发展的绩效测度 [J]. 区域经济评论，2019，37 (1): 31 - 38.

[24] 邓玲，杜黎明. 主体功能区建设的区域协调功能研究 [J]. 经

济学家，2006（4）：60-64.

[25] 丁芸，张昕. 财税政策选择与区域经济协调发展 [J]. 经济与管理研究，2007（2）：21-26.

[26] 杜春林，张新文，张耀宇. 土地财政对地方政府社会保障支出的补给效应 [J]. 上海财经大学学报，2015，17（3）：50-58.

[27] 杜（法）尔阁. 关于财富的形成和分配的考察 [M]. 北京：商务印书馆，1978.

[28] 杜金华，陈治国. 土地财政影响城市基础设施供给满意度的经验研究 [J]. 经济问题探索，2019（4）：46-58.

[29] 杜雪君，黄忠华. 土地财政与耕地保护——基于省际面板数据的因果关系分析 [J]. 自然资源学报，2009，24（10）：1724-1728.

[30] 杜雪君，黄忠华，吴次芳. 中国土地财政与经济增长——基于省际面板数据的分析 [J]. 财贸经济，2009（1）：60-64.

[31] 杜宇. 区域协调发展体制、机制创新研究——以江苏为例 [J]. 经济与社会发展，2008（7）：67-77，81.

[32] 樊杰. 解析我国区域协调发展的制约因素 探究全国主体功能区规划的重要作用 [J]. 中国科学院院刊，2007（3）：194-201.

[33] 樊杰，王亚飞. 40年来中国经济地理格局变化及新时代区域协调发展 [J]. 经济地理，2019，39（1）：1-7.

[34] 樊明. 市场经济条件下区域均衡发展问题研究 [J]. 经济经纬，2006（2）：73-76.

[35] 樊轶侠，高跃光. 地方政府竞争、土地财政与外资——基于空间动态面板的检验 [J]. 财会月刊，2019（14）：3-11.

[36] 范建双，虞晓芬，周琳. 城镇化、城乡差距与中国经济的包容性增长 [J]. 数量经济技术经济研究，2018，35（4）：41-60.

[37] 范剑勇，谢强强. 地区间产业分布的本地市场效应及其对区域协调发展的启示 [J]. 经济研究，2010（4）：107-119.

[38] 范子英. 土地财政的根源：财政压力还是投资冲动 [J]. 中国工业经济，2015（6）：18-31.

[39] 方文全. 土地财政的实质、逻辑及其解决之道：一个法经济学角度的分析 [J]. 地方财政研究，2014 (5)：28 - 33.

[40] 费广胜，王恒齐. 环境治理语境下区域环境政策衔接与协调途径的探讨 [J]. 青海社会科学，2017 (1)：41 - 46.

[41] 冯长春，张剑锋，杨子江. 承接产业转移背景下区域土地利用空间协调评估 [J]. 中国人口·资源与环境，2015 (5)：144 - 151.

[42] 冯江茹，范新英. 中国区域协调发展水平综合评价及测度 [J]. 企业经济，2014 (8)：136 - 139.

[43] 冯林，刘华军，王家传. 政府干预、政府竞争与县域金融发展——基于山东省 90 个县的经验证据 [J]. 中国农村经济，2016 (1)：30 - 39.

[44] 付敏杰，张平，袁富华. 工业化和城市化进程中的财税体制演进：事实、逻辑和政策选择 [J]. 经济研究，2017，52 (12)：29 - 45.

[45] 付文林，沈坤荣. 中国公共支出的规模与结构及其增长效应 [J]. 经济科学，2006，28 (1)：20 - 29.

[46] 傅勇，张晏. 中国式分权与财政支出结构偏向：为增长而竞争的代价 [J]. 管理世界，2007 (3)：4 - 12，22.

[47] 高聚辉，伍春来. 分税制、土地财政与土地新政 [J]. 中国发展观察，2006 (11)：25 - 27.

[48] 葛扬，钱晨. "土地财政"对经济增长的推动作用与转型 [J]. 社会科学研究，2014 (1)：28 - 34.

[49] 龚六堂，邹恒甫. 政府公共开支的增长和波动对经济增长的影响 [J]. 经济学动态，2001 (9)：58 - 63.

[50] 谷书堂，唐杰. 我国的区域经济差异和区域政策选择 [J]. 南开经济研究，1994 (2)：3 - 7.

[51] 郭贯成，汪勋杰. 财政分权、地方财政赤字与土地财政 [J]. 财经论丛，2014 (12)：17 - 23.

[52] 郭立伟，沈满洪. 生态文明建设与区域经济协调发展的政策评析 [J]. 经济问题探索，2010 (12)：89 - 95.

［53］韩凤芹. 政府干预地区差距的基本思路 ［J］. 财政研究，2004（7）：6 - 9.

［54］何频. 论区域协调发展与区域文化的交融 ［J］. 求索，2006（4）：54 - 56.

［55］何仁伟. 城乡融合与乡村振兴：理论探讨、机理阐释与实现路径 ［J］. 地理研究，2018，37（11）：2127 - 2140.

［56］何一峰. 转型经济下的中国经济趋同研究——基于非线性时变因子模型的实证分析 ［J］. 经济研究，2008（7）：39 - 51.

［57］洪银兴. 论中高速增长新常态及其支撑常态 ［J］. 经济学动态，2014（11）：4 - 7.

［58］侯景新. 论区域文化与经济发展的相关关系 ［J］. 生产力研究，2003（1）：145 - 147.

［59］侯昭瑞. 中国现行土地财政模式转型研究 ［D］. 辽宁大学，2013.

［60］胡鞍钢. 中国：走向区域协调发展 ［J］. 产经评论，2007（2）：4 - 9.

［61］胡超美，朱传耿. 中国区域协调发展研究综述 ［J］. 学习与实践，2008（10）：44 - 51.

［62］胡霁荣，张春美. 治理视阈下中国文化政策的转型脉络 ［J］. 福建论坛（人文社会科学版），2014，15（8）：56 - 64.

［63］胡乃武，董藩. 轻重工业并举发展加快西部开发步伐——关于调整西部地区经济发展的战略？［J］. 市场经济研究，2000（4）：25 - 27.

［64］胡乃武，张可云. 统筹中国区域发展问题研究 ［J］. 经济理论与经济管理，2004（1）：5 - 14.

［65］胡少维. 落实主体功能区战略是促进区域协调发展的第一原则 ［J］. 金融与经济，2013（11）：36 - 39.

［66］胡小杰. 中国土地财政现象的法学分析 ［J］. 中国青年政治学院学报，2014，33（3）：109 - 113.

［67］胡志强，苗长虹. 中国省域五大系统的协调发展评价 ［J］. 统

计与决策，2019，35（1）：98 – 102.

[68] 黄爱东. 分税制改革引发的土地财政与土地城市化之反思 [J]. 湖南行政学院学报，2011（3）：94 – 97.

[69] 黄成，杜宇，吴传清. 主体功能区建设与"胡焕庸线"破解 [J]. 学习与实践，2019（4）：24 – 34.

[70] 黄辉玲. 城市化过程中的城市偏向问题 [J]. 学术交流，2005（3）：82 – 85.

[71] 黄勤. 对统筹区域发展的几点思考——兼论我国新一轮国土规划的任务 [J]. 西南民族大学学报（人文社科版），2004（4）：159 – 161.

[72] 黄思明. 中国式财政分权、群组效应与经济增长 [J]. 管理评论，2019，31（8）：250 – 259.

[73] 黄晓炎. 推动社会主义文化大发展大繁荣要把握"四个协调" [J]. 理论前沿，2007，513（24）：13 – 14.

[74] 贾康，刘微. "土地财政"：分析及出路——在深化财税改革中构建合理、规范、可持续的地方"土地生财"机制 [J]. 财政研究，2012（1）：2 – 9.

[75] 姜晓萍，陈朝兵. 我国基本公共服务体系的共同趋势与地区差异——基于国家和地方基本公共服务十二五规划的比较 [J]. 上海行政学院学报，2013，14（6）：4 – 16.

[76] 蒋省三，刘守英，李青. 土地制度改革与国民经济成长 [J]. 管理世界，2007（9）：1 – 9.

[77] 靳春平. 财政政策效应的空间差异性与地区经济增长 [J]. 管理世界，2007（7）：47 – 56.

[78] 兰肇华. 我国非均衡区域协调发展战略的理论选择 [J]. 理论月刊，2005（11）：143 – 145.

[79] 雷根强，蔡翔. 初次分配扭曲、财政支出城市偏向与城乡收入差距——来自中国省级面板数据的经验证据 [J]. 数量经济技术经济研究，2012，29（3）：76 – 89.

[80] 李长青，禄雪焕，逯建. 地方政府竞争压力对地区生产效率损

失的影响［J］. 中国软科学, 2018 (12): 87 – 94.

[81] 李春根, 杨珊, 王乔, 等. 土地财政、补偿机理与被征地农民保障水平——以江西省南昌县为考察样本［J］. 财政研究, 2013 (12): 32 – 35.

[82] 李东坤, 邓敏. 中国省际 OFDI、空间溢出与产业结构升级——基于空间面板杜宾模型的实证分析［J］. 国际贸易问题, 2016 (1): 121 – 133.

[83] 李浩. 区域文化视角下的区域经济发展路径创新［J］. 改革与战略, 2012, 28 (5): 133 – 135.

[84] 李红锦, 张宁, 李胜会. 区域协调发展: 基于产业专业化视角的实证［J］. 中央财经大学学报, 2018 (6): 106 – 118.

[85] 李郇, 洪国志, 黄亮雄. 中国土地财政增长之谜——分税制改革、土地财政增长的策略性［J］. 经济学 (季刊), 2013, 12 (4): 1141 – 1160.

[86] 李慧, 葛扬. 土地财政与城市民生性公共品——基于 2004—2011 年我国省级面板数据的实证分析［J］. 学习与探索, 2018 (6): 141 – 148.

[87] 李兰冰. 中国区域协调发展的逻辑框架与理论解释［J］. 经济学动态, 2020 (1): 69 – 82.

[88] 李鹏. 土地出让收益, 公共品供给及对城市增长影响研究［D］. 浙江大学, 2013.

[89] 李善同. 西部大开发与地区协调发展［M］. 北京: 商务印书馆, 2003.

[90] 李尚蒲, 罗必良. 我国土地财政规模估算［J］. 中央财经大学学报, 2010 (5): 12 – 17.

[91] 李胜芬, 刘斐. 资源环境与社会经济协调发展探析［J］. 地域研究与开发, 2002, 21 (1): 78 – 80.

[92] 李实, 罗楚亮. 中国城乡居民收入差距的重新估计［J］. 北京大学学报 (哲学社会科学版), 2007 (2): 111 – 120.

[93] 李顺明, 杨清源, 唐世芳等. 统筹区域经济协调均衡发展的财税对策［J］. 税务研究, 2020 (3): 128 – 133.

[94] 李卫华. 缩小居民收入城乡差距与地区差距的制度创新［J］.

经济地理, 2019, 39 (3): 195 - 200.

[95] 李新安. 我国 FDI 集聚效应与区域经济增长相关性实证分析 [J]. 财贸研究, 2006, 17 (4): 15 - 21.

[96] 李兴江, 唐志强. 论区域协调发展的评价标准及实现机制 [J]. 甘肃社会科学, 2007 (6): 51 - 53.

[97] 李妍, 赵蕾, 薛俭. 城市基础设施与区域经济增长的关系研究——基于 1997—2013 年我国 31 个省份面板数据的实证分析 [J]. 经济问题探索, 2015 (2): 109 - 114.

[98] 李勇刚, 高波, 任保全. 分税制改革、土地财政与公共品供给——来自中国 35 个大中城市的经验证据 [J]. 山西财经大学学报, 2013, 35 (11): 13 - 24.

[99] 李玉杰, 李景春, 刘志峰. 基于恩格尔定律的区域文化产业发展策略 [J]. 企业经济, 2012 (12): 104 - 107.

[100] 李子叶, 韩先锋, 冯根福. 中国城市化进程扩大了城乡收入差距吗——基于中国省级面板数据的经验分析 [J]. 经济学家, 2016 (2): 69 - 74.

[101] 梁若冰. 财政分权下的晋升激励、部门利益与土地违法 [J]. 经济学 (季刊), 2010, 9 (1): 283 - 306.

[102] 林光平, 龙志和, 吴梅. 中国地区经济 σ - 收敛的空间计量实证分析 [J]. 数量经济技术经济研究, 2006, 23 (4).

[103] 林毅夫, 蔡昉, 李周. 中国经济转型时期的地区差距分析 [J]. 经济研究, 1998 (6): 3 - 10.

[104] 林毅夫, 刘培林. 中国的经济发展战略与地区收入差距 [J]. 经济研究, 2003 (3): 19 - 25.

[105] 刘秉镰, 武鹏, 刘玉海. 交通基础设施与中国全要素生产率增长——基于省域数据的空间面板计量分析 [J]. 中国工业经济, 2010 (3): 54 - 64.

[106] 刘晨晖, 陈长石. 土地出让如何影响城市间发展不平衡——基于财政缺口弥补视角的实证分析 [J]. 财贸经济, 2017, 38 (11): 23 - 38.

[107] 刘成奎，龚萍. 财政分权、地方政府城市偏向与城乡基本公共服务均等化 [J]. 广东财经大学学报，2014，29（4）：63-73.

[108] 刘福垣. 中国发展失衡与国家发展战略的反思 [J]. 财贸经济，2003（9）：5-12.

[109] 刘桂华. 土地整治促进区域经济协调发展的路径分析 [J]. 北方经贸，2018（5）：106-107.

[110] 刘国才. 从环境保护看区域协调发展 [J]. 环境经济，2011（4）：41-44.

[111] 刘红梅，张志斌，王克强. 我国土地财政收入研究综述 [J]. 开发研究，2008（1）：141-144.

[112] 刘佳，吴建南，马亮. 地方政府官员晋升与土地财政——基于中国地市级面板数据的实证分析 [J]. 公共管理学报，2012，9（2）：11-23，122-123.

[113] 刘凯. 中国特色的土地制度如何影响中国经济增长——基于多部门动态一般均衡框架的分析 [J]. 中国工业经济，2018（10）：80-98.

[114] 刘生龙，胡鞍钢. 基础设施的外部性在中国的检验：1988—2007 [J]. 经济研究，2010，45（3）：4-15.

[115] 刘生龙，郑世林. 交通基础设施跨区域的溢出效应研究——来自中国省级面板数据的实证证据 [J]. 产业经济研究，2013（4）：59-69.

[116] 刘守英，蒋省三. 土地融资与财政和金融风险——来自东部一个发达地区的个案 [J]. 中国土地科学，2005（5）：3-9.

[117] 刘思华，方时姣，刘江宜. 经济与环境全球化融合发展问题探讨 [J]. 陕西师范大学学报（哲学社会科学版），2005，34（2）：88-96.

[118] 刘夏明，魏英琪，李国平. 收敛还是发散？——中国区域经济发展争论的文献综述 [J]. 经济研究，2004（7）：70-81.

[119] 刘彦随区域土地利用优化配置 [M]. 北京：学苑出版社，1999.

[120] 刘彦随. 中国新时代城乡融合与乡村振兴 [J]. 地理学报，2018，73（4）：637-650.

[121] 刘玉，刘毅. 区域政策研究的回顾与展望 [J]. 地理科学进展，2002，21（2）：153–162.

[122] 刘玉萍，郭郡郡，李馨鸾. 经济增长中的土地财政依赖：度量、变化及后果 [J]. 云南财经大学学报，2012，28（1）：65–70.

[123] 刘昭云. 广东区域经济发展差异评价与协调发展对策 [J]. 经济地理，2010，30（5）：723–727.

[124] 刘志彪. 以城市化推动产业转型升级——兼论"土地财政"在转型时期的历史作用 [J]. 学术月刊，2010，42（10）：65–70.

[125] 刘志亭，孙福平. 基于3E协调度的我国区域协调发展评价 [J]. 青岛科技大学学报（自然科学版），2005，26（6）：555–558.

[126] 柳庆刚，姚洋. 地方政府竞争和结构失衡 [J]. 世界经济，2012，35（12）：3–22.

[127] 龙花楼，屠爽爽. 土地利用转型与乡村振兴 [J]. 中国土地科学，2018，32（7）：1–6.

[128] 龙小宁，朱艳丽，蔡伟贤等. 基于空间计量模型的中国县级政府间税收竞争的实证分析 [J]. 经济研究，2014，49（8）：41–53.

[129] 娄成武，王玉波. 中国土地财政中的地方政府行为与负效应研究 [J]. 中国软科学，2013（6）：1–11.

[130] 卢洪友，袁光平，陈思霞，等. 土地财政根源："竞争冲动"还是"无奈之举"？——来自中国地市的经验证据 [J]. 经济社会体制比较，2011（1）：88–98.

[131] 鲁元平，张克中，欧阳洁. 土地财政阻碍了区域技术创新吗？——基于267个地级市面板数据的实证检验 [J]. 金融研究，2018（5）：101–119.

[132] 陆大道. 地区合作与地区经济协调发展 [J]. 地域研究与开发，1997（1）：44–47.

[133] 陆思璇. 差别化土地政策与区域协调发展：互补亦或冲突 [J]. 湖北农业科学，2018，57（14）：136–139，144.

[134] 吕炜，许宏伟. 土地财政的经济影响及其后续风险应对 [J].

经济社会体制比较，2012（6）：78 - 86.

［135］吕炜，许宏伟. 土地财政对城乡居民消费的异质效应——来自中国 31 个省份的经验证据［J］. 经济社会体制比较，2013（6）：147 - 156.

［136］吕有金，孔令池，李言. 中国城镇化与生态环境耦合协调度测度［J］. 城市问题，2019（12）：13 - 22.

［137］罗必良. 分税制、财政压力与政府"土地财政"偏好［J］. 学术研究，2010（10）：27 - 35.

［138］罗楚亮. 城乡收入差距的变化及其对全国收入差距的影响［J］. 劳动经济研究，2017，5（1）：21 - 47.

［139］罗富政，罗能生. 地方政府行为与区域经济协调发展——非正式制度歧视的新视角［J］. 经济学动态，2016（2）：41 - 49.

［140］马慧敏，丁阳，杨青. 区域生态 - 经济 - 社会协调发展评价模型及应用［J］. 统计与决策，2019，35（21）：75 - 79.

［141］马慧强，廉倩文，韩增林，弓志刚，李哲. 基本公共服务—城镇化—区域经济耦合协调发展时空演化［J］. 经济地理，2020，40（5）：19 - 28.

［142］马中，石磊，崔格格. 关于区域环境政策的思考［J］. 环境保护，2009（13）：20 - 22.

［143］毛汉英，陈为民. 人地系统与区域持续发展研究［M］. 北京：中国科学技术出版社，1995.

［144］孟淼. 土地财政的实质及其对宏观经济的影响［J］. 中国城市经济，2011（17）：64.

［145］牟燕，钱忠好. 破解地方政府土地财政困境的路径选择研究［J］. 中国土地科学，2015，29（12）：18 - 25.

［146］讷克斯. 不发达国家的资本形成问题［M］. 北京：商务印书馆，1966.

［147］潘文卿. 中国区域经济差异与收敛［J］. 中国社会科学，2010（1）：72 - 84.

［148］彭月兰. 论促进区域经济协调发展的财政政策［J］. 经济问

题，2003（12）：55 – 57.

[149] 亓寿伟，毛晖，张吉东. 财政压力、经济刺激与以地引资——基于工业用地微观数据的经验证据 [J]. 财贸经济，2020，41（4）：20 – 34.

[150] 齐讴歌，白永秀. 土地要素资本化和地区差距："融资效应"与"空间效应" [J]. 经济问题，2016（3）：22 – 29.

[151] 乔旭宁，张婷，安春华，等. 河南省区域发展协调度评价 [J]. 地域研究与开发，2014，33（3）.

[152] 色（古希腊）诺芬·经济论·雅典的收入 [M]. 北京：商务印书馆，1961.

[153] 沈坤荣，马俊. 中国经济增长的"俱乐部收敛"特征及其成因研究 [J]. 经济研究，2002（1）：33 – 39，94 – 95.

[154] 司林波，聂晓云，孟卫东. 跨域生态环境协同治理困境成因及路径选择 [J]. 生态经济（中文版），2018（1）：171 – 175.

[155] 宋德勇. 改革以来中国经济发展的地区差距状况 [J]. 数量经济技术经济研究，1998（3）：15 – 18.

[156] 孙海燕. 区域协调发展机制构建 [J]. 经济地理，2007（3）：362 – 365.

[157] 孙建飞，袁奕. 财政分权、土地融资与中国的城市扩张——基于联立方程组计量模型的实证分析 [J]. 上海经济研究，2014（12）：50 – 59，89.

[158] 孙秀林，周飞舟. 土地财政与分税制：一个实证解释 [J]. 中国社会科学，2013（4）：40 – 59，205.

[159] 覃成林. 区域协调发展机制体系研究 [J]. 经济学家，2011（4）：63 – 70.

[160] 覃成林. 中国区域经济差异研究 [M]. 北京：中国经济出版社，1997.

[161] 唐将伟，熊建华. 土地财政与发展不平衡：一个分析框架 [J]. 经济问题探索，2018（11）：28 – 33.

[162] 唐鹏，石晓平，曲福田. 地方政府竞争与土地财政策略选择

[189] 温忠麟，范息涛，叶宝娟，陈宇帅. 从效应量应有的性质看中介效应量的合理性 [J]. 心理学报，2016，48（4）：435 - 443.

[190] 温忠麟，叶宝娟. 中介效应分析：方法和模型发展 [J]. 心理科学进展，2014，22（5）：731 - 745.

[191] 文雁兵. "土地财政"被误解了吗——基于扩张原因与福利结果的重新考察 [J]. 经济理论与经济管理，2015（11）：38 - 53.

[192] 吴冠岑，牛星. 从公共资源管理角度看区域环境协作机制的构建 [J]. 兰州学刊，2009（12）：100 - 102.

[193] 吴士炜，汪小勤. 中国土地财政的社会福利效应——基于森（Sen）的可行能力理论 [J]. 经济理论与经济管理，2016（4）：77 - 86.

[194] 吴向鹏，高波. 文化、企业家精神与经济增长——文献回顾与经验观察 [J]. 山西财经大学学报，2007，29（6）：74 - 80.

[195] 夏方舟，李洋宇，严金明. 产业结构视角下土地财政对经济增长的作用机制——基于城市动态面板数据的系统 GMM 分析 [J]. 经济地理，2014，34（12）：85 - 92.

[196] 谢冬水. 地方政府竞争、土地垄断供给与城市化发展失衡 [J]. 财经研究，2016，42（4）：102 - 111.

[197] 谢锦园，金晓斌，项晓敏，等. 土地整治对城乡统筹发展的多层次定量分析——以江苏省为例 [J]. 土地经济研究，2015（2）：91 - 108.

[198] 熊美娟，陈思茵. 土地财政对公共品供给的影响分析——基于全国 286 个地级市的实证分析 [J]. 广州公共管理评论，2018（6）：237 - 252，356 - 357.

[199] 徐现祥，李郇. 市场一体化与区域协调发展 [J]. 经济研究，2005.

[200] 徐现祥，舒元. 中国省区经济增长分布的演进（1978—1998）[J]. 经济学（季刊），2004（2）：619 - 638.

[201] 徐盈之，吴海明. 环境约束下区域协调发展水平综合效率的实证研究 [J]. 中国工业经济，2010（8）：34 - 44.

[202] 许传阳，郝成元. 区域协调发展的环境政策体系框架：以五大

题，2003（12）：55 – 57.

[149] 亓寿伟，毛晖，张吉东. 财政压力、经济刺激与以地引资——基于工业用地微观数据的经验证据 [J]. 财贸经济，2020，41（4）：20 – 34.

[150] 齐讴歌，白永秀. 土地要素资本化和地区差距："融资效应"与"空间效应"[J]. 经济问题，2016（3）：22 – 29.

[151] 乔旭宁，张婷，安春华，等. 河南省区域发展协调度评价 [J]. 地域研究与开发，2014，33（3）.

[152] 色（古希腊）诺芬·经济论·雅典的收入 [M]. 北京：商务印书馆，1961.

[153] 沈坤荣，马俊. 中国经济增长的"俱乐部收敛"特征及其成因研究 [J]. 经济研究，2002（1）：33 – 39，94 – 95.

[154] 司林波，聂晓云，孟卫东. 跨域生态环境协同治理困境成因及路径选择 [J]. 生态经济（中文版），2018（1）：171 – 175.

[155] 宋德勇. 改革以来中国经济发展的地区差距状况 [J]. 数量经济技术经济研究，1998（3）：15 – 18.

[156] 孙海燕. 区域协调发展机制构建 [J]. 经济地理，2007（3）：362 – 365.

[157] 孙建飞，袁奕. 财政分权、土地融资与中国的城市扩张——基于联立方程组计量模型的实证分析 [J]. 上海经济研究，2014（12）：50 – 59，89.

[158] 孙秀林，周飞舟. 土地财政与分税制：一个实证解释 [J]. 中国社会科学，2013（4）：40 – 59，205.

[159] 覃成林. 区域协调发展机制体系研究 [J]. 经济学家，2011（4）：63 – 70.

[160] 覃成林. 中国区域经济差异研究 [M]. 北京：中国经济出版社，1997.

[161] 唐将伟，熊建华. 土地财政与发展不平衡：一个分析框架 [J]. 经济问题探索，2018（11）：28 – 33.

[162] 唐鹏，石晓平，曲福田. 地方政府竞争与土地财政策略选择

[J]. 资源科学，2014，36（4）：702 - 711.

[163] 唐在富. 中国土地财政基本理论研究——土地财政的起源、本质、风险与未来 [J]. 经济经纬，2012（2）：140 - 145.

[164] 唐之斌. 融合发展模式中的民族文化与区域文化协调发展——以四川省为例 [J]. 文化学刊，2011（5）：123 - 127.

[165] 陶长琪，杨海文. 空间计量模型选择及其模拟分析 [J]. 统计研究，2014，31（8）：88 - 96.

[166] 田传浩，李明坤，郦水清. 土地财政与地方公共物品供给——基于城市层面的经验 [J]. 公共管理学报，2014，11（4）：38 - 48，141.

[167] 万广华. 经济发展与收入不均等 [M]. 上海：上海三联书店，2006.

[168] 王宾，于法稳. 长江经济带城镇化与生态环境的耦合协调及时空格局研究 [J]. 华东经济管理，2019，33（3）：58 - 63.

[169] 王海燕，杨方廷，刘鲁. 标准化系数与偏相关系数的比较与应用 [J]. 数量经济技术经济研究，2006（9）：150 - 155；王继源. 我国区域协调发展评价研究 [J]. 宏观经济管理，2019（3）.

[170] 王华春，吴丁长. 土地财政对地方福利的影响研究——基于2002—2013年省级面板数据的分析 [J]. 徐州工程学院学报（社会科学版），2017，32（2）：73 - 80.

[171] 王克强，胡海生，刘红梅. 中国地方土地财政收入增长影响因素实证研究——基于1995 - 2008年中国省际面板数据的分析 [J]. 财经研究，2012，38（4）：112 - 122.

[172] 王洛林，魏后凯. 我国西部大开发的进展及效果评价 [J]. 财贸经济，2003（10）：5 - 12.

[173] 王猛，李勇刚，王有鑫. 土地财政、房价波动与城乡消费差距——基于面板数据联立方程的研究 [J]. 产业经济研究，2013（5）：84 - 92.

[174] 王沛，彭颖. 土地财政背景下区域基础设施存量的影响因素研究 [J]. 经济经纬，2016，33（1）：138 - 143.

[175] 王胜今，吴昊，于潇. 论中国特色区域协调发展战略体系 [J]. 吉林大学社会科学学报，2008（2）：5-14.

[176] 王曙光，李金耀，章力丹. 促进区域协调发展财税规制的主体与路径 [J]. 哈尔滨商业大学学报（社会科学版），2019（1）：85-94.

[177] 王万茂等土地利用规划 [M]. 北京：中国大地出版社，1996（7）.

[178] 王宵雅，张继彤. 财政转移支付的区域协调发展效应研究 [J]. 华东经济管理，2016，30（8）：94-101.

[179] 王小斌，李郁芳. 土地财政、城镇化与城乡收入差距——基于1999-2011年省级面板联立方程的实证研究 [J]. 产经评论，2014，5（5）：127-138.

[180] 王小鲁，樊纲. 中国地区差距的变动趋势和影响因素 [J]. 经济研究，2004（1）：33-44.

[181] 王晓静. 国家区域发展规划中的文化政策问题研究 [J]. 上海师范大学学报（哲学社会科学版），2013（6）：66-71.

[182] 王永钦，张晏，章元，等. 中国的大国发展道路——论分权式改革的得失 [J]. 经济研究，2007（1）：4-16.

[183] 王玉波. "后土地财政时代"地方政府角色转变与公共财政体系重构 [J]. 改革，2013（2）：46-53.

[184] 王玉波，唐莹. 转型期地方政府土地财政效应研究 [J]. 农村经济，2011（10）：28-32.

[185] 王玉波. 土地财政研究述评、启示及展望 [J]. 西北农林科技大学学报（社会科学版），2016，16（1）：44-51.

[186] 魏后凯，刘楷. 中国区域经济调发展的目标和政策 上 [J] 经济纵横，1994（3）：5-9.

[187] 魏后凯. 中国国家区域政策的调整与展望 [J]. 西南民族大学学报（人文社科版），2008（10）：56-64.

[188] 魏后凯. 中国乡镇企业发展与区域差异 [J]. 中国农村经济，1997（5）：56-60.

[189] 温忠麟, 范息涛, 叶宝娟, 陈宇帅. 从效应量应有的性质看中介效应量的合理性 [J]. 心理学报, 2016, 48 (4): 435-443.

[190] 温忠麟, 叶宝娟. 中介效应分析: 方法和模型发展 [J]. 心理科学进展, 2014, 22 (5): 731-745.

[191] 文雁兵. "土地财政" 被误解了吗——基于扩张原因与福利结果的重新考察 [J]. 经济理论与经济管理, 2015 (11): 38-53.

[192] 吴冠岑, 牛星. 从公共资源管理角度看区域环境协作机制的构建 [J]. 兰州学刊, 2009 (12): 100-102.

[193] 吴士炜, 汪小勤. 中国土地财政的社会福利效应——基于森 (Sen) 的可行能力理论 [J]. 经济理论与经济管理, 2016 (4): 77-86.

[194] 吴向鹏, 高波. 文化、企业家精神与经济增长——文献回顾与经验观察 [J]. 山西财经大学学报, 2007, 29 (6): 74-80.

[195] 夏方舟, 李洋宇, 严金明. 产业结构视角下土地财政对经济增长的作用机制——基于城市动态面板数据的系统 GMM 分析 [J]. 经济地理, 2014, 34 (12): 85-92.

[196] 谢冬水. 地方政府竞争、土地垄断供给与城市化发展失衡 [J]. 财经研究, 2016, 42 (4): 102-111.

[197] 谢锦园, 金晓斌, 项晓敏, 等. 土地整治对城乡统筹发展的多层次定量分析——以江苏省为例 [J]. 土地经济研究, 2015 (2): 91-108.

[198] 熊美娟, 陈思茵. 土地财政对公共品供给的影响分析——基于全国 286 个地级市的实证分析 [J]. 广州公共管理评论, 2018 (6): 237-252, 356-357.

[199] 徐现祥, 李郇. 市场一体化与区域协调发展 [J]. 经济研究, 2005.

[200] 徐现祥, 舒元. 中国省区经济增长分布的演进 (1978—1998) [J]. 经济学 (季刊), 2004 (2): 619-638.

[201] 徐盈之, 吴海明. 环境约束下区域协调发展水平综合效率的实证研究 [J]. 中国工业经济, 2010 (8): 34-44.

[202] 许传阳, 郝成元. 区域协调发展的环境政策体系框架: 以五大

区域为例 [J]. 生态经济, 2013 (1): 37-40.

[203] 许召元, 李善同. 近年来中国地区差距的变化趋势 [J]. 经济研究, 2006 (7): 106-116.

[204] 薛翠翠, 冯广京, 张冰松. 城镇化建设资金规模及土地财政改革——新型城镇化背景下土地财政代偿机制研究评述 [J]. 中国土地科学, 2013, 27 (11): 90-96.

[205] 严立刚, 曾小明. 东部产业为何难以向中西部转移——基于人力资本空间差异的解释 [J]. 经济地理, 2020, 40 (1): 125-131.

[206] 杨灿明, 詹新宇. 土地财政的再分配效应——来自中国省际面板数据的经验证据 [J]. 经济学动态, 2015 (11): 4-16.

[207] 杨晨, 韩庆潇, 冯振. 竞争行为、土地财政与地方公共服务提供——来自政府内、外部视角的空间面板数据分析 [J]. 山西财经大学学报, 2017, 39 (8): 1-14.

[208] 杨刚强, 张建清, 江洪. 差别化土地政策促进区域协调发展的机制与对策研究 [J]. 中国软科学, 2012 (10): 185-192.

[209] 杨华. 征地拆迁对农村阶层分化的影响——基于湖北省荆门市城郊农村的调查 [J]. 西北农林科技大学学报 (社会科学版), 2015, 15 (1): 114-120.

[210] 杨良松. 中国的财政分权与地方政府的城市偏向政策: 财政独立性与省内分权的视角 [J]. 制度经济学研究, 2013 (1): 34-60.

[211] 杨孟禹, 张可云. 中国土地财政与城乡关系的互动影响 [J]. 华南农业大学学报 (社会科学版), 2016, 15 (4): 76-86.

[212] 杨伟民. 地区间收入差距变动的实证分析 [J]. 经济研究, 1992 (1): 34, 70-74.

[213] 杨元庆, 刘荣增. 土地财政与土地市场管理 [J]. 城市问题, 2011 (3): 87-90.

[214] 衣保中, 任莉. 论日本的区域经济政策及其特色 [J]. 现代日本经济, 2003 (5): 18-23.

[215] 于化东. 一部研究中国区域经济协调发展的新作——《产业转

移与区域经济平衡》评介 [J]．经济纵横，2020（5）：129．

［216］余靖雯，王敏，郭凯明．土地财政还是土地金融？——地方政府基础设施建设融资模式研究 [J]．经济科学，2019（1）：69-81．

［217］余丽生．"土地财政"的财政学思考 [J]．财政研究，2011（3）：17-21．

［218］袁钢明．地区经济差异与宏观经济波动 [J]．经济研究，1996（10）：49-56．

［219］袁志刚，解栋栋．中国劳动力错配对 TFP 的影响分析 [J]．经济研究，2011，46（7）：4-17．

［220］云秀清，贾志刚．改革开放以来中国发展民族地区经济主要政策措施研究 [J]．阴山学刊，2004，17（5）：123-128．

［221］曾坤生．论区域经济动态协调发展 [J]．中国软科学，2000（4）：119-124．

［222］詹国辉．土地财政对基本公共服务的关联效应测度 [J]．浙江工商大学学报，2017（3）：64-74．

［223］张超，钟昌标．中国区域协调发展测度及影响因素分析——基于八大综合经济区视角 [J]．华东经济管理，2020，34（6）：64-72．

［224］张红梅．我国区域经济协调发展的制度分析 [J]．宏观经济管理，2010（9）：40-42．

［225］张杰，周晓艳，李勇．要素市场扭曲抑制了中国企业 R&D？[J]．经济研究，2011，46（8）：78-91．

［226］张可云，裴相烨．中国区域协调发展水平测度——基于省级数据分析 [J]．郑州大学学报（哲学社会科学版），2019，52（6）：29-34，125．

［227］张坤．欠发达地区环境与经济协调发展机制研究 [M]．北京：中国环境科学出版社，1999．

［228］张莉，王贤彬，徐现祥．财政激励、晋升激励与地方官员的土地出让行为 [J]．中国工业经济，2011（4）：35-43．

［229］张首魁，赵宇．中国区域协调发展的演进逻辑与战略趋向 [J]．东岳论丛，2020，41（10）：66-76，191．

[230] 张先锋，张庆彩．土地规划政策对区域经济调控的内在机理分析 [J]．资源与人居环境，2004（4）：16 – 19.

[231] 张新文．我国农村反贫困战略中的社会政策创新探讨 [J]．南京社会科学，2010（6）：58 – 63，69.

[232] 张杏梅．加强主体功能区建设促进区域协调发展 [J]．经济问题探索，2008（4）：17 – 21.

[233] 张秀生，杨刚强．健全财政支农政策 创新农村公共品供给制度 [J]．财政研究，2009（5）：75 – 78.

[234] 张学博．土地财政的历史观察：1988—2015 [J]．宁夏社会科学，2016（3）：114 – 120.

[235] 张学良．中国交通基础设施促进了区域经济增长吗——兼论交通基础设施的空间溢出效应 [J]．中国社会科学，2012（3）：60 – 77，206.

[236] 张益峰．土地财政及其动因 [J]．城市问题，2014（1）：14 – 18.

[237] 张佑林，陈朝霞．区域文化精神与区域经济发展的理性思考——兼论“浙江工业化模式”的形成机理 [J]．浙江社会科学，2005（3）：13 – 18.

[238] 张志，周浩．交通基础设施的溢出效应及其产业差异——基于空间计量的比较分析 [J]．财经研究，2012，38（3）：124 – 134.

[239] 赵成功，李新玉．我国西部国土资源及其开发对策 [J]．地理学与国土研究，2000（1）：19 – 23.

[240] 赵国玲，胡贤辉，杨钢桥．“土地财政”的效应分析 [J]．生态经济，2008（7）：60 – 64.

[241] 赵合云．“土地财政”的不良影响及其生成机制 [J]．统计与决策，2012（5）：172 – 174.

[242] 郑思齐，孙伟增，吴璟等．“以地生财，以财养地”——中国特色城市建设投融资模式研究 [J]．经济研究，2014，49（8）：14 – 27.

[243] 钟文，钟昌标，郑明贵．土地财政对城市土地利用效率的扭曲效应研究——基于经济集聚与产业结构视角 [J]．华东经济管理，2020，

34（10）：105－111.

[244] 周密，盛玉雪，刘秉镰. 非均质后发大国中区域差距、空间互动与协调发展的关系研究 [J]. 财经研究，2012，38（4）：4－15，122.

[245] 周绍杰，王有强，殷存毅. 区域经济协调发展：功能界定与机制分析 [J]. 清华大学学报（哲学社会科学版），2010（2）：141－148.

[246] 周玉翠，齐清文，冯灿飞. 近10年中国省际经济差异动态变化特征 [J]. 地理研究，2002，21（6）：781－790.

[247] 朱侃，韩国明，苏成信. 知识图谱视角下国内土地财政研究态势的追踪分析 [J]. 中国土地科学，2018，32（5）：86－92.

[248] 朱巧玲，张明飞. 基于中国经济制度运行效率的土地财政评价 [J]. 经济问题，2020（4）：10－18.

[249] 朱文晖. 地区竞争优势与政府的作用——珠江三角洲与长江三角洲的比较 [J]. 开放导报，2003（9）：21－23.

[250] 朱小林. 中国区域经济差异及其调控政策选择 [J]. 经济评论，1999（4）：52－54，69.

[251] 朱英明. 长江三角洲地区外商投资企业空间集群与地区增长 [J]. 中国工业经济，2002（1）：66－72.

[252] 庄佳强，陈志勇. 城镇化进程中的地方政府财政风险——基于三类融资模式的比较分析 [J]. 中南财经政法大学学报，2017（1）：33－40.

[253] 庄子银，邹薇. 公共支出能否促进经济增长：中国的经验分析 [J]. 管理世界，2003（7）：4－12.

[254] 邹薇，刘红艺. 土地财政"饮鸩止渴"了吗——基于中国地级市的时空动态空间面板分析 [J]. 经济学家，2015（9）：21－32.

[255] 左翔，殷醒民. 土地一级市场垄断与地方公共品供给 [J]. 经济学（季刊），2013，12（2）.

[256] Aghion P., Howitt P. A. Model of Growth Through Creative Destruction [J]. Econometrica，1992，60（2）：323－351.

[257] Barro R. Government Spending in a Simple Model of Endogenous Growth [J]. Journal of Political Economy，1990（8）：103－125.

［258］Boulding K. E. The Economics of the Coming Spaceship Earth ［J］. Environmental Quatity in A Grouting, 1966, 58（4）: 947 – 957.

［259］Brueckner J. K. A Modern Analysis of the Effects of Site Value Taxation ［J］. National Tax Journal, 1986, 39（1）: 49 – 58.

［260］CAI F. , Wang D. , Du Y. Regional Disparity and Economic Growth in China: the Impact of Labour Market Distortions ［J］. China Economic Review, 2002, Rev（13）: 197 – 212.

［261］Demurger S. Infrastructure development and economic growth: an explanation for regional disparities in China ［J］. Journal of Comparative Economics, 2001（29）: 95 – 117.

［262］Fan C. C. S. A. J. Industrial agglomeration and development: a survey of spatial economic issues in East Asia and a statistical analysis of Chinese regions ［J］. Economic geography, 2003, 79（3）: 295 – 319.

［263］Fischel W. A. Property Taxation and the Tiebout Model: Evidence for the Benefit View from Zoning and Voting ［J］. Journal of Economic Literature, 2001, 30（30）: 171 – 177.

［264］Fleisher B. M. C. J. The coast-noncoast income gap, productivity, and regional economic policy in China ［J］. Journal of Comparative Economics, 1997, 25（2）: 220 – 236.

［265］Fujita M. , Hu D. Regional disparity in China 1985 – 1994: The effects of globalization and economic liberalization ［J］. The Annals of Regional Science, 2001, 35（1）: 3 – 37.

［266］George R. P. , Joelle N. A value capture property tax for financing beach nourishment projects: an application to Delaware's ocean beaches ［J］. Ocean & Coastal Management, 2004（47）: 49 – 61.

［267］Gyourko J. , Tracy J. The Structure of Local Public Finance and the Quality of Life ［J］. Journal of Political Economy, 1991, 99（4）: 774 – 806.

［268］Hamilton B. W. A review: Is the property tax a benefit tax?, Zodrow. G. R. , Local Provision of PublicServices: The Tiebout Model after Twenty-five years [M]. New York: Academic Press, 1983: 85 – 107.

[269] Hamilton B. W. Zoning and property taxation in a system of local governments [J]. Urban Studies, 1975, 12 (2): 205 – 211.

[270] Harriss C. L. Property taxation: What's good and what's bad about it [J]. American Journal of Economics and Sociology, 1974, 33: 89 – 102.

[271] Head John G. "Public Goods and Public Policy." In John G. Head ed., Public Good and Welfare. Duke University Press, 1974.

[272] Hilber C. A. L., Mayer C. Why do households without children support local public schools? Linking house price capitalization to school spending [J]. Journal of Urban Economics, 2009, 65 (1): 0 – 90.

[273] Hui E. C., Ho V. S., Ho D. K. Land value capture mechanisms in Hong Kong and Singapore [J]. Journal of Property Investment & Finance, 2004, 22 (1): 76 – 100.

[274] Jeffery J. S., Thomas A. G. Financing transit systems through value capture [M]. Todd Litman Victoria Transport Policy Institute, 2013.

[275] Kim. Aehyung. Decentralization and the Provision of Public Services: Framework and Implementation [J]. Policy Research Working Paper, 2008, 183 (4): 1 – 27 (27).

[276] Krugman P. R. On the Relationship Between Trade Theory and Location Theory [J]. Review of International Economics, 1993, 1 (2): 110 – 122.

[277] Lele S., Norgaard R. B. Sustainability and the Scientist's Burden [J]. Conservation Biology, 1996, 10 (2): 354 – 365.

[278] Lin Y., Liu T., Yang Y., et al. Petrogenesis of bismuth minerals in the Dabaoshan Pb-Zn polymetallic massive sulfide deposit, northern Guangdong Province, China [J]. Journal of Asian Earth Sciences, 2014, 82 (3): 1 – 9.

[279] Lipton M. Why Poor people Stay Poor: A Study of Urban Bias in World Development [M]. London: Temple Smith, 1977.

[280] Long H., Qu Y. Land use transitions and land management: A

mutual feedback perspective [J]. Land Use Policy, 2018, 74: 111 - 120.

[281] Lucas R. E. On the Mechanics of Economic Development [J]. Journal of Monetary Economics, 1988, 22 (1): 3 -42.

[282] Man J. Effects of tax increment financing on economic development In tax increment financing and economic development [M]. NY: State University of New York Press, 2001: 101 - 109.

[283] Martin P. and G. I. Ottaviano. Growing Locations: Industry location in a model of endogenous growth [J]. European Review, 1999, 43 (2): 281 -302.

[284] Martin P. and G. I. Ottaviano. Growth and agglomeration [J]. International Review, 2001, 42 (4): 947 -968.

[285] Matthew D. Funding public transport development through land value capture programs [R]. 2004.

[286] Medda F. R. Land value capture as a funding source for urban investment [J]. Ey Com, 2011.

[287] Michael I. Value capture for transportation finance [R]. Report to the Minnesota Legislature, 2009.

[288] Mieszkowski P. The property tax: An excise tax or a profits tax? [J]. Journal of Public Economics, 1972, 1 (1): 73 - 96.

[289] Ottaviano G. I. P., Peri G. The Economic Value of Cultural Diversity: Evidence from US Cities [C] // Econometric Society North American Summer Meetings. Econometric Society, 2006.

[290] Peterson G. E. Unlocking land values to finance urban infrastructure [R]. Washington, D. C.: The World Bank, 2009.

[291] Rachel W., Saurav D. B., David M. Does tax increment financing raise urban industrial property values? [J]. Urban Studies, 2003, 40 (10): 2001 - 2021.

[292] Ralph M. B. State and local tax competition in a Spatial Model with Sales Taxes and Residential Property Taxes [J]. Journal of Urban Economics, 2013, 75 (5): 57 - 67.

[293] Reback R. House prices and the provision of local public services: capitalization under school choice programs [J]. Journal of Urban Economics, 2005, 57 (2): 0 – 301.

[294] Roland G. Federalism and the Soft Budget Constraint [J]. American Economic Review, 1998, 88 (5): 1143 – 1162.

[295] Romer P. M. Endogenous Technological Change [J]. Journal of Political Economy, 1990, 98 (5): S71 – S102.

[296] Romer P. M. Increasing Returns and Long-Run Growth [J]. Journal of Political Economy, 1986, 94 (5): 1002 – 1037.

[297] Salon D. , Shewmake S. Opportunities for Value Capture to Fund Public Transport: A Comprehensive Review of the Literature with a Focus on East Asia [J]. Social Science Electronic Publishing, 2012.

[298] Solow R. M. A Contribution to the Theory of Economic Growth [J]. The Quarterly Journal of Economics, 1956, 70 (1): 65 – 94.

[299] Swan T. W. Economic Growth and Capital Accumulation [J]. Economic Record, 1956, 32 (2): 334 – 361.

[300] Thomas A. G. Applying Value Capture in the Seattle Region [J]. Planning Practice & Research? 2001, 16 (3/4): 307 – 320.

[301] Tian X. Market Orientation and Regional Economic Disparities in China [J]. Post-Communist Economies, 1999, 11 (2): 161 – 172.

[302] Tobler W. R. A Computer Movie Simulating Urban Growth in the Detroit Region [J]. Economic Geography, 1970, 46: 234 – 240.

[303] Williamson J. G. Regional Inequality and the Process of National Development: A Description of the Patterns [J]. Economic Development and Cultural Change, 1965, 13 (4): 3 – 45.

[304] Wilson J. D. A theory of interregional tax competition [J]. Journal of Urban Economics, 1986, 19 (3): 296 – 315.

[305] World Bank. Annual World Bank Conference on Development Economics, 1995.

［306］ World Bank. World Development Report 1994: Infrastructure for Development. Oxford University Press, 1994.

［307］ Yao S. , Zhang Z. Regional growth in China under economic reforms ［J］. Journal of Development Studies, 2001, 38 （2）: 167 – 186.

［308］ Zheng H. , Xin W. , Cao S. The land finance model jeopardizes China's sustainable development ［J］. Habitat International, 2014 （44）: 130 – 136.

附　录

附表 1

2002～2017 年我国 31 个省区市经济发展能力评价结果

省区市	2002 年	2003 年	2004 年	2005 年	2006 年	2007 年	2008 年	2009 年	2010 年	2011 年	2012 年	2013 年	2014 年	2015 年	2016 年	2017 年
北京	0.174	0.151	0.183	0.178	0.182	0.175	0.185	0.160	0.152	0.160	0.152	0.155	0.179	0.176	0.164	0.149
天津	0.079	0.078	0.091	0.093	0.102	0.099	0.121	0.099	0.095	0.106	0.107	0.108	0.113	0.116	0.109	0.081
河北	0.022	0.021	0.020	0.020	0.022	0.021	0.021	0.022	0.020	0.023	0.023	0.019	0.023	0.028	0.033	0.026
山西	0.026	0.023	0.024	0.020	0.019	0.022	0.020	0.017	0.022	0.026	0.024	0.020	0.017	0.014	0.023	0.020
内蒙古	0.022	0.024	0.025	0.027	0.026	0.027	0.037	0.036	0.030	0.035	0.033	0.028	0.033	0.035	0.036	0.017
辽宁	0.049	0.042	0.047	0.045	0.049	0.048	0.056	0.050	0.048	0.051	0.045	0.042	0.041	0.034	0.028	0.028
吉林	0.031	0.024	0.030	0.029	0.029	0.029	0.035	0.031	0.025	0.030	0.030	0.022	0.025	0.028	0.033	0.021
黑龙江	0.027	0.024	0.025	0.024	0.027	0.025	0.031	0.028	0.025	0.032	0.033	0.026	0.023	0.026	0.030	0.021
上海	0.151	0.172	0.159	0.162	0.165	0.167	0.169	0.153	0.138	0.134	0.117	0.107	0.119	0.117	0.115	0.107
江苏	0.052	0.049	0.060	0.063	0.067	0.072	0.095	0.107	0.109	0.138	0.139	0.119	0.117	0.115	0.104	0.089
浙江	0.075	0.069	0.084	0.088	0.112	0.112	0.136	0.132	0.129	0.124	0.131	0.125	0.131	0.130	0.114	0.098
安徽	0.017	0.016	0.018	0.017	0.016	0.017	0.024	0.027	0.029	0.042	0.044	0.042	0.048	0.048	0.050	0.042
福建	0.040	0.038	0.039	0.038	0.042	0.040	0.046	0.045	0.046	0.052	0.054	0.055	0.063	0.069	0.070	0.061
江西	0.014	0.015	0.013	0.012	0.015	0.015	0.022	0.021	0.017	0.019	0.020	0.020	0.028	0.032	0.038	0.033

续表

省区市	2002 年	2003 年	2004 年	2005 年	2006 年	2007 年	2008 年	2009 年	2010 年	2011 年	2012 年	2013 年	2014 年	2015 年	2016 年	2017 年
山东	0.040	0.036	0.042	0.042	0.047	0.047	0.058	0.054	0.052	0.056	0.056	0.054	0.059	0.062	0.061	0.051
河南	0.014	0.014	0.017	0.016	0.019	0.018	0.022	0.022	0.020	0.024	0.024	0.022	0.030	0.032	0.037	0.030
湖北	0.025	0.023	0.024	0.026	0.028	0.028	0.037	0.039	0.038	0.041	0.040	0.039	0.046	0.048	0.049	0.042
湖南	0.018	0.016	0.019	0.018	0.021	0.021	0.027	0.029	0.027	0.030	0.031	0.029	0.035	0.037	0.039	0.034
广东	0.092	0.084	0.099	0.100	0.103	0.098	0.106	0.096	0.077	0.094	0.088	0.090	0.101	0.089	0.086	0.084
广西	0.014	0.012	0.011	0.012	0.010	0.009	0.014	0.016	0.015	0.017	0.017	0.016	0.020	0.021	0.025	0.019
海南	0.012	0.012	0.010	0.009	0.010	0.010	0.009	0.014	0.016	0.015	0.013	0.014	0.019	0.020	0.025	0.017
重庆	0.028	0.028	0.035	0.032	0.035	0.034	0.040	0.040	0.041	0.049	0.049	0.048	0.053	0.062	0.064	0.051
四川	0.029	0.027	0.026	0.027	0.026	0.027	0.030	0.038	0.037	0.037	0.038	0.034	0.038	0.041	0.043	0.036
贵州	0.008	0.007	0.006	0.006	0.008	0.007	0.008	0.012	0.009	0.015	0.018	0.017	0.022	0.026	0.029	0.025
云南	0.011	0.008	0.010	0.008	0.009	0.009	0.010	0.013	0.009	0.015	0.017	0.017	0.015	0.021	0.027	0.023
西藏	0.014	0.009	0.006	0.007	0.007	0.005	0.006	0.014	0.005	0.008	0.009	0.011	0.014	0.018	0.021	0.017
陕西	0.036	0.035	0.041	0.033	0.037	0.037	0.047	0.043	0.040	0.044	0.045	0.045	0.051	0.052	0.058	0.044
甘肃	0.016	0.014	0.013	0.013	0.015	0.012	0.014	0.015	0.012	0.017	0.020	0.018	0.021	0.023	0.027	0.011
青海	0.022	0.017	0.014	0.012	0.012	0.011	0.017	0.016	0.017	0.021	0.020	0.017	0.020	0.020	0.026	0.018
宁夏	0.021	0.021	0.017	0.014	0.017	0.015	0.024	0.025	0.020	0.021	0.023	0.020	0.024	0.026	0.034	0.030
新疆	0.016	0.018	0.017	0.015	0.014	0.013	0.016	0.013	0.012	0.018	0.020	0.020	0.024	0.025	0.026	0.019

附表 2　2002～2017 年我国 31 个省区市人民生活水平提升能力评价结果

省区市	2002 年	2003 年	2004 年	2005 年	2006 年	2007 年	2008 年	2009 年	2010 年	2011 年	2012 年	2013 年	2014 年	2015 年	2016 年	2017 年
北京市	0.086	0.084	0.088	0.086	0.089	0.090	0.097	0.100	0.095	0.088	0.087	0.092	0.093	0.094	0.087	0.082
天津	0.052	0.045	0.052	0.049	0.049	0.049	0.056	0.056	0.056	0.058	0.063	0.066	0.067	0.065	0.062	0.056
河北	0.018	0.013	0.013	0.013	0.014	0.015	0.017	0.015	0.015	0.018	0.018	0.017	0.016	0.013	0.013	0.012
山西	0.008	0.006	0.008	0.008	0.010	0.012	0.013	0.013	0.014	0.017	0.019	0.017	0.014	0.012	0.010	0.012
内蒙古	0.010	0.012	0.014	0.015	0.016	0.020	0.023	0.023	0.024	0.027	0.030	0.033	0.036	0.033	0.031	0.028
辽宁	0.027	0.021	0.019	0.021	0.021	0.022	0.028	0.029	0.029	0.032	0.034	0.036	0.035	0.035	0.027	0.025
吉林	0.013	0.014	0.013	0.013	0.014	0.016	0.018	0.019	0.017	0.021	0.023	0.023	0.017	0.015	0.010	0.009
黑龙江	0.011	0.010	0.009	0.011	0.010	0.012	0.017	0.017	0.015	0.018	0.018	0.018	0.019	0.016	0.015	0.014
上海	0.099	0.103	0.108	0.108	0.115	0.112	0.113	0.107	0.105	0.102	0.099	0.099	0.098	0.095	0.086	0.080
江苏	0.041	0.037	0.038	0.039	0.043	0.046	0.050	0.049	0.049	0.052	0.055	0.058	0.063	0.065	0.064	0.063
浙江	0.063	0.066	0.070	0.069	0.073	0.073	0.075	0.072	0.074	0.072	0.071	0.069	0.071	0.072	0.067	0.062
安徽	0.012	0.013	0.013	0.009	0.010	0.012	0.014	0.015	0.016	0.020	0.019	0.016	0.017	0.015	0.015	0.015
福建	0.039	0.037	0.039	0.035	0.038	0.037	0.044	0.041	0.041	0.041	0.041	0.038	0.040	0.040	0.039	0.037
江西	0.012	0.012	0.014	0.013	0.012	0.014	0.013	0.012	0.015	0.017	0.017	0.016	0.017	0.016	0.016	0.015
山东	0.025	0.023	0.024	0.025	0.029	0.031	0.035	0.034	0.032	0.035	0.037	0.038	0.036	0.036	0.036	0.034
河南	0.013	0.011	0.012	0.011	0.011	0.012	0.014	0.014	0.015	0.016	0.017	0.016	0.016	0.014	0.014	0.013

续表

省区市	2002年	2003年	2004年	2005年	2006年	2007年	2008年	2009年	2010年	2011年	2012年	2013年	2014年	2015年	2016年	2017年
湖北	0.018	0.014	0.016	0.014	0.015	0.018	0.021	0.018	0.018	0.021	0.022	0.021	0.023	0.022	0.023	0.022
湖南	0.018	0.020	0.022	0.020	0.020	0.021	0.023	0.021	0.020	0.022	0.023	0.022	0.024	0.022	0.022	0.020
广东	0.052	0.048	0.050	0.050	0.048	0.046	0.050	0.046	0.045	0.047	0.049	0.047	0.045	0.044	0.041	0.038
广西	0.012	0.015	0.014	0.012	0.010	0.012	0.015	0.015	0.013	0.016	0.018	0.015	0.015	0.012	0.011	0.011
海南	0.016	0.015	0.014	0.008	0.009	0.011	0.013	0.010	0.010	0.014	0.016	0.015	0.015	0.018	0.018	0.017
重庆	0.013	0.017	0.018	0.014	0.013	0.015	0.025	0.015	0.016	0.020	0.022	0.021	0.022	0.021	0.020	0.020
四川	0.013	0.013	0.014	0.012	0.010	0.013	0.014	0.018	0.016	0.020	0.021	0.021	0.021	0.019	0.019	0.019
贵州	0.003	0.001	0.000	0.003	0.002	0.004	0.004	0.004	0.004	0.009	0.009	0.009	0.010	0.009	0.010	0.010
云南	0.008	0.007	0.012	0.009	0.009	0.010	0.009	0.011	0.011	0.015	0.016	0.014	0.013	0.011	0.010	0.009
西藏	0.015	0.014	0.013	0.009	0.003	0.004	0.002	0.003	0.002	0.001	0.001	0.001	0.000	0.001	0.002	0.002
陕西	0.008	0.010	0.009	0.008	0.009	0.009	0.013	0.013	0.014	0.017	0.019	0.018	0.018	0.014	0.013	0.013
甘肃	0.004	0.005	0.005	0.005	0.004	0.004	0.005	0.005	0.005	0.008	0.008	0.008	0.007	0.006	0.006	0.005
青海	0.005	0.007	0.007	0.005	0.006	0.005	0.010	0.007	0.010	0.013	0.015	0.015	0.018	0.016	0.016	0.015
宁夏	0.008	0.008	0.010	0.009	0.009	0.011	0.016	0.015	0.016	0.018	0.019	0.020	0.019	0.018	0.017	0.018
新疆	0.012	0.010	0.008	0.005	0.004	0.006	0.007	0.006	0.009	0.013	0.016	0.014	0.014	0.012	0.013	0.011

附表3　2002～2017年我国31个省区市公共服务均等化能力评价结果

省区市	2002年	2003年	2004年	2005年	2006年	2007年	2008年	2009年	2010年	2011年	2012年	2013年	2014年	2015年	2016年	2017年
北京	0.119	0.115	0.114	0.108	0.109	0.102	0.097	0.083	0.081	0.113	0.068	0.064	0.063	0.060	0.055	0.070
天津	0.088	0.082	0.085	0.080	0.080	0.076	0.076	0.065	0.062	0.056	0.051	0.049	0.051	0.049	0.043	0.036
河北	0.027	0.024	0.025	0.026	0.021	0.021	0.023	0.017	0.021	0.016	0.016	0.015	0.015	0.014	0.013	0.013
山西	0.037	0.036	0.040	0.037	0.036	0.035	0.036	0.030	0.030	0.026	0.025	0.024	0.023	0.022	0.019	0.016
内蒙古	0.036	0.036	0.038	0.036	0.035	0.034	0.037	0.033	0.035	0.032	0.031	0.032	0.032	0.029	0.026	0.023
辽宁	0.056	0.053	0.056	0.053	0.055	0.052	0.053	0.045	0.049	0.045	0.044	0.042	0.043	0.038	0.034	0.122
吉林	0.045	0.043	0.045	0.042	0.043	0.043	0.045	0.037	0.041	0.038	0.035	0.034	0.036	0.033	0.030	0.025
黑龙江	0.039	0.036	0.038	0.036	0.038	0.037	0.041	0.033	0.035	0.030	0.027	0.026	0.026	0.025	0.022	0.019
上海	0.166	0.155	0.157	0.156	0.148	0.133	0.130	0.114	0.111	0.105	0.089	0.089	0.089	0.086	0.077	0.058
江苏	0.036	0.033	0.036	0.036	0.037	0.037	0.040	0.034	0.040	0.039	0.038	0.036	0.038	0.037	0.035	0.031
浙江	0.042	0.043	0.046	0.033	0.048	0.048	0.052	0.044	0.036	0.038	0.037	0.036	0.040	0.040	0.038	0.031
安徽	0.013	0.012	0.014	0.013	0.013	0.013	0.014	0.010	0.017	0.014	0.017	0.015	0.015	0.013	0.011	0.010
福建	0.023	0.022	0.026	0.026	0.027	0.025	0.026	0.022	0.028	0.025	0.028	0.027	0.028	0.026	0.023	0.017
江西	0.020	0.021	0.026	0.023	0.023	0.022	0.022	0.016	0.021	0.017	0.017	0.018	0.021	0.021	0.018	0.016
山东	0.026	0.025	0.029	0.028	0.029	0.029	0.030	0.024	0.029	0.025	0.024	0.024	0.024	0.023	0.020	0.018
河南	0.016	0.016	0.018	0.015	0.016	0.015	0.016	0.012	0.016	0.015	0.016	0.016	0.017	0.016	0.015	0.015

省区市	2002年	2003年	2004年	2005年	2006年	2007年	2008年	2009年	2010年	2011年	2012年	2013年	2014年	2015年	2016年	2017年
湖北	0.030	0.030	0.033	0.030	0.031	0.031	0.032	0.027	0.032	0.028	0.028	0.030	0.033	0.030	0.027	0.023
湖南	0.023	0.023	0.025	0.029	0.024	0.024	0.024	0.019	0.023	0.021	0.020	0.020	0.022	0.021	0.020	0.019
广东	0.029	0.029	0.032	0.031	0.032	0.028	0.029	0.022	0.028	0.026	0.023	0.023	0.025	0.024	0.021	0.019
广西	0.018	0.019	0.021	0.020	0.020	0.018	0.019	0.012	0.021	0.017	0.016	0.016	0.019	0.018	0.016	0.014
海南	0.024	0.024	0.030	0.027	0.023	0.024	0.026	0.022	0.030	0.030	0.036	0.025	0.026	0.027	0.024	0.017
重庆	0.024	0.024	0.025	0.023	0.024	0.024	0.026	0.020	0.027	0.025	0.027	0.025	0.028	0.027	0.025	0.023
四川	0.019	0.020	0.021	0.018	0.019	0.018	0.019	0.014	0.021	0.018	0.020	0.020	0.021	0.020	0.019	0.018
贵州	0.011	0.012	0.014	0.012	0.012	0.010	0.012	0.007	0.014	0.014	0.019	0.020	0.022	0.020	0.019	0.018
云南	0.017	0.018	0.022	0.018	0.018	0.017	0.018	0.012	0.019	0.015	0.015	0.016	0.017	0.015	0.016	0.016
西藏	0.056	0.052	0.053	0.050	0.048	0.046	0.046	0.044	0.041	0.041	0.053	0.059	0.058	0.072	0.065	0.059
陕西	0.041	0.041	0.044	0.040	0.041	0.040	0.044	0.037	0.043	0.040	0.041	0.040	0.041	0.037	0.032	0.030
甘肃	0.024	0.025	0.027	0.023	0.024	0.023	0.024	0.018	0.025	0.022	0.022	0.024	0.026	0.023	0.020	0.017
青海	0.049	0.049	0.050	0.045	0.043	0.042	0.045	0.032	0.034	0.032	0.031	0.032	0.036	0.036	0.032	0.027
宁夏	0.043	0.043	0.044	0.041	0.043	0.042	0.047	0.036	0.042	0.038	0.034	0.036	0.038	0.036	0.033	0.028
新疆	0.045	0.047	0.049	0.047	0.049	0.042	0.044	0.036	0.041	0.039	0.037	0.035	0.035	0.033	0.029	0.026

附表 4

2002～2017 年我国 31 个省区市基础设施通达度能力评价结果

省区市	2002 年	2003 年	2004 年	2005 年	2006 年	2007 年	2008 年	2009 年	2010 年	2011 年	2012 年	2013 年	2014 年	2015 年	2016 年	2017 年
北京	0.188	0.168	0.197	0.189	0.177	0.184	0.168	0.142	0.136	0.137	0.137	0.127	0.132	0.123	0.116	0.108
天津	0.170	0.160	0.144	0.145	0.140	0.133	0.137	0.124	0.116	0.119	0.116	0.113	0.113	0.107	0.095	0.087
河北	0.065	0.063	0.072	0.070	0.079	0.066	0.077	0.067	0.064	0.065	0.067	0.068	0.068	0.064	0.062	0.058
山西	0.043	0.046	0.051	0.069	0.062	0.055	0.066	0.058	0.057	0.054	0.054	0.051	0.052	0.053	0.047	0.044
内蒙古	0.024	0.024	0.023	0.025	0.027	0.037	0.028	0.028	0.030	0.028	0.027	0.025	0.023	0.022	0.021	0.020
辽宁	0.085	0.083	0.106	0.102	0.110	0.119	0.114	0.103	0.101	0.099	0.103	0.100	0.103	0.099	0.060	0.054
吉林	0.045	0.043	0.049	0.050	0.055	0.048	0.052	0.048	0.047	0.045	0.045	0.041	0.043	0.039	0.037	0.034
黑龙江	0.044	0.041	0.043	0.042	0.044	0.039	0.037	0.035	0.033	0.030	0.030	0.029	0.032	0.029	0.024	0.022
上海	0.182	0.117	0.185	0.182	0.173	0.162	0.181	0.155	0.160	0.158	0.154	0.146	0.148	0.139	0.104	0.095
江苏	0.076	0.082	0.085	0.093	0.099	0.094	0.095	0.089	0.088	0.092	0.091	0.082	0.085	0.080	0.072	0.068
浙江	0.084	0.084	0.087	0.087	0.099	0.125	0.099	0.090	0.084	0.081	0.078	0.073	0.076	0.074	0.065	0.061
安徽	0.048	0.053	0.058	0.055	0.066	0.061	0.069	0.065	0.064	0.065	0.069	0.063	0.067	0.064	0.060	0.058
福建	0.061	0.062	0.063	0.065	0.069	0.064	0.077	0.068	0.064	0.064	0.064	0.064	0.065	0.064	0.052	0.047
江西	0.043	0.045	0.045	0.043	0.053	0.050	0.051	0.046	0.044	0.045	0.044	0.043	0.046	0.045	0.044	0.043
山东	0.058	0.063	0.076	0.076	0.093	0.079	0.130	0.094	0.089	0.088	0.087	0.087	0.081	0.077	0.073	0.071
河南	0.055	0.057	0.065	0.066	0.087	0.088	0.090	0.085	0.083	0.081	0.083	0.076	0.083	0.076	0.076	0.070

续表

省区市	2002 年	2003 年	2004 年	2005 年	2006 年	2007 年	2008 年	2009 年	2010 年	2011 年	2012 年	2013 年	2014 年	2015 年	2016 年	2017 年
湖北	0.056	0.056	0.059	0.061	0.070	0.063	0.070	0.070	0.065	0.068	0.070	0.072	0.068	0.065	0.058	0.057
湖南	0.052	0.055	0.057	0.055	0.062	0.063	0.062	0.061	0.062	0.060	0.060	0.058	0.061	0.055	0.053	0.051
广东	0.093	0.100	0.114	0.116	0.117	0.132	0.123	0.102	0.112	0.098	0.099	0.108	0.099	0.105	0.107	0.105
广西	0.038	0.041	0.044	0.043	0.044	0.039	0.040	0.038	0.036	0.035	0.036	0.030	0.034	0.035	0.033	0.033
海南	0.040	0.044	0.057	0.049	0.048	0.055	0.053	0.045	0.052	0.051	0.048	0.050	0.047	0.055	0.039	0.037
重庆	0.044	0.042	0.042	0.073	0.065	0.054	0.067	0.061	0.061	0.060	0.061	0.060	0.062	0.065	0.056	0.055
四川	0.041	0.040	0.044	0.042	0.042	0.037	0.041	0.042	0.041	0.036	0.037	0.044	0.042	0.042	0.043	0.030
贵州	0.023	0.025	0.025	0.025	0.034	0.036	0.036	0.036	0.038	0.039	0.040	0.038	0.042	0.042	0.041	0.040
云南	0.033	0.035	0.034	0.036	0.031	0.023	0.027	0.026	0.024	0.023	0.024	0.024	0.026	0.024	0.024	0.021
西藏	0.023	0.026	0.035	0.035	0.005	0.011	0.005	0.005	0.007	0.006	0.006	0.006	0.006	0.005	0.004	0.002
陕西	0.043	0.045	0.049	0.051	0.059	0.051	0.062	0.056	0.057	0.057	0.056	0.053	0.054	0.052	0.048	0.046
甘肃	0.017	0.020	0.018	0.017	0.021	0.024	0.021	0.024	0.022	0.021	0.022	0.020	0.022	0.021	0.033	0.022
青海	0.011	0.013	0.009	0.010	0.014	0.022	0.021	0.017	0.018	0.017	0.017	0.016	0.015	0.014	0.015	0.010
宁夏	0.027	0.033	0.031	0.029	0.031	0.024	0.032	0.030	0.031	0.031	0.036	0.031	0.034	0.029	0.028	0.026
新疆	0.028	0.030	0.027	0.024	0.026	0.038	0.035	0.026	0.026	0.026	0.027	0.026	0.025	0.021	0.019	0.017

附表 5

2002～2017 年我国 31 个省区市生态环境协调能力评价结果

省区市	2002 年	2003 年	2004 年	2005 年	2006 年	2007 年	2008 年	2009 年	2010 年	2011 年	2012 年	2013 年	2014 年	2015 年	2016 年	2017 年
北京	0.183	0.187	0.191	0.186	0.197	0.186	0.198	0.164	0.197	0.190	0.197	0.195	0.208	0.216	0.288	0.035
天津	0.132	0.139	0.153	0.152	0.149	0.156	0.166	0.134	0.171	0.174	0.177	0.175	0.182	0.191	0.274	0.033
河北	0.073	0.079	0.063	0.073	0.068	0.072	0.091	0.058	0.098	0.104	0.104	0.094	0.103	0.106	0.217	0.038
山西	0.027	0.030	0.038	0.047	0.037	0.047	0.052	0.038	0.076	0.089	0.086	0.070	0.077	0.079	0.190	0.066
内蒙古	0.062	0.065	0.054	0.064	0.052	0.068	0.084	0.068	0.105	0.120	0.120	0.117	0.115	0.115	0.219	0.048
辽宁	0.082	0.085	0.089	0.085	0.076	0.093	0.092	0.084	0.131	0.132	0.141	0.140	0.139	0.142	0.225	0.048
吉林	0.089	0.097	0.101	0.101	0.102	0.112	0.122	0.102	0.140	0.142	0.146	0.145	0.149	0.153	0.244	0.018
黑龙江	0.089	0.095	0.105	0.109	0.108	0.121	0.123	0.101	0.142	0.143	0.144	0.142	0.144	0.150	0.236	0.019
上海	0.199	0.215	0.229	0.233	0.236	0.234	0.250	0.317	0.350	0.346	0.346	0.345	0.352	0.356	0.421	0.172
江苏	0.127	0.133	0.143	0.147	0.148	0.158	0.166	0.127	0.167	0.167	0.169	0.167	0.174	0.180	0.264	0.031
浙江	0.103	0.111	0.121	0.121	0.120	0.129	0.137	0.112	0.149	0.155	0.159	0.157	0.162	0.169	0.254	0.023
安徽	0.088	0.094	0.102	0.104	0.102	0.104	0.110	0.087	0.132	0.126	0.128	0.125	0.132	0.138	0.235	0.027
福建	0.090	0.097	0.100	0.099	0.100	0.108	0.117	0.092	0.132	0.140	0.146	0.141	0.150	0.159	0.248	0.015
江西	0.065	0.069	0.075	0.081	0.080	0.090	0.100	0.082	0.120	0.124	0.128	0.124	0.132	0.138	0.226	0.026
山东	0.106	0.112	0.120	0.124	0.125	0.131	0.140	0.112	0.148	0.154	0.157	0.154	0.161	0.164	0.251	0.026
河南	0.086	0.093	0.101	0.105	0.104	0.113	0.122	0.097	0.139	0.134	0.137	0.131	0.139	0.148	0.239	0.023

续表

省区市	2002 年	2003 年	2004 年	2005 年	2006 年	2007 年	2008 年	2009 年	2010 年	2011 年	2012 年	2013 年	2014 年	2015 年	2016 年	2017 年
湖北	0.090	0.094	0.099	0.105	0.100	0.113	0.124	0.103	0.141	0.140	0.145	0.141	0.148	0.154	0.243	0.016
湖南	0.085	0.089	0.097	0.101	0.105	0.111	0.123	0.103	0.141	0.141	0.143	0.140	0.148	0.156	0.242	0.014
广东	0.138	0.151	0.164	0.169	0.167	0.175	0.178	0.140	0.177	0.168	0.168	0.166	0.170	0.180	0.257	0.031
广西	0.060	0.055	0.053	0.061	0.068	0.064	0.069	0.056	0.101	0.114	0.114	0.120	0.131	0.143	0.235	0.023
海南	0.106	0.114	0.120	0.122	0.124	0.152	0.159	0.128	0.170	0.159	0.160	0.136	0.150	0.160	0.242	0.017
重庆	0.077	0.087	0.091	0.093	0.076	0.096	0.109	0.086	0.140	0.146	0.151	0.147	0.155	0.163	0.207	0.052
四川	0.076	0.084	0.090	0.093	0.090	0.088	0.110	0.097	0.133	0.136	0.140	0.138	0.142	0.152	0.235	0.020
贵州	0.057	0.057	0.054	0.067	0.044	0.060	0.090	0.060	0.101	0.118	0.115	0.096	0.112	0.129	0.229	0.030
云南	0.074	0.080	0.082	0.086	0.078	0.085	0.094	0.071	0.114	0.104	0.112	0.110	0.119	0.126	0.218	0.033
西藏	0.113	0.120	0.128	0.131	0.134	0.139	0.147	0.131	0.166	0.154	0.156	0.155	0.160	0.168	0.247	0.006
陕西	0.080	0.086	0.089	0.092	0.095	0.103	0.108	0.092	0.134	0.141	0.144	0.141	0.145	0.147	0.237	0.022
甘肃	0.067	0.066	0.079	0.085	0.084	0.091	0.100	0.081	0.125	0.113	0.111	0.113	0.119	0.120	0.222	0.030
青海	0.074	0.080	0.080	0.074	0.059	0.068	0.073	0.047	0.098	0.026	0.024	0.021	0.022	0.020	0.003	0.240
宁夏	0.042	0.054	0.054	0.033	0.034	0.042	0.053	0.036	0.026	0.078	0.084	0.081	0.080	0.098	0.208	0.053
新疆	0.089	0.096	0.100	0.102	0.101	0.105	0.112	0.086	0.127	0.126	0.115	0.104	0.109	0.117	0.215	0.036

附表 6　2002～2017 年我国 31 个省区市区域协调发展能力评价结果

省区市	2002 年	2003 年	2004 年	2005 年	2006 年	2007 年	2008 年	2009 年	2010 年	2011 年	2012 年	2013 年	2014 年	2015 年	2016 年	2017 年
北京	0.750	0.706	0.773	0.747	0.755	0.738	0.745	0.650	0.662	0.689	0.640	0.632	0.675	0.668	0.710	0.443
天津	0.522	0.504	0.526	0.518	0.521	0.513	0.557	0.478	0.502	0.513	0.514	0.511	0.527	0.529	0.582	0.294
河北	0.204	0.200	0.194	0.202	0.204	0.195	0.228	0.179	0.217	0.225	0.228	0.213	0.224	0.225	0.337	0.147
山西	0.141	0.142	0.160	0.181	0.163	0.171	0.188	0.156	0.199	0.212	0.206	0.182	0.183	0.180	0.289	0.157
内蒙古	0.154	0.160	0.154	0.167	0.157	0.186	0.209	0.188	0.223	0.241	0.241	0.236	0.239	0.234	0.332	0.136
辽宁	0.298	0.284	0.317	0.307	0.312	0.334	0.343	0.310	0.357	0.359	0.367	0.360	0.360	0.348	0.374	0.277
吉林	0.224	0.221	0.239	0.235	0.243	0.247	0.273	0.237	0.270	0.276	0.279	0.265	0.270	0.268	0.354	0.106
黑龙江	0.210	0.205	0.221	0.222	0.227	0.234	0.248	0.213	0.250	0.253	0.251	0.240	0.244	0.245	0.327	0.096
上海	0.798	0.762	0.838	0.840	0.837	0.808	0.842	0.846	0.865	0.844	0.804	0.786	0.804	0.793	0.802	0.512
江苏	0.332	0.334	0.362	0.379	0.394	0.407	0.446	0.405	0.453	0.487	0.492	0.462	0.477	0.478	0.539	0.281
浙江	0.368	0.373	0.407	0.399	0.452	0.486	0.499	0.450	0.473	0.471	0.476	0.461	0.480	0.485	0.537	0.275
安徽	0.178	0.188	0.205	0.198	0.208	0.207	0.232	0.205	0.258	0.266	0.276	0.261	0.279	0.278	0.372	0.152
福建	0.253	0.257	0.268	0.263	0.275	0.275	0.310	0.268	0.311	0.322	0.334	0.326	0.345	0.357	0.431	0.177
江西	0.155	0.162	0.172	0.172	0.184	0.192	0.207	0.178	0.217	0.222	0.226	0.221	0.243	0.253	0.342	0.134
山东	0.255	0.260	0.291	0.295	0.324	0.317	0.393	0.318	0.349	0.359	0.361	0.356	0.361	0.362	0.441	0.201
河南	0.184	0.190	0.213	0.213	0.238	0.247	0.265	0.231	0.271	0.271	0.277	0.263	0.286	0.287	0.380	0.151

续表

省区市	2002年	2003年	2004年	2005年	2006年	2007年	2008年	2009年	2010年	2011年	2012年	2013年	2014年	2015年	2016年	2017年
湖北	0.220	0.218	0.231	0.236	0.245	0.253	0.283	0.256	0.294	0.297	0.304	0.304	0.317	0.320	0.400	0.160
湖南	0.196	0.203	0.220	0.224	0.232	0.240	0.259	0.233	0.274	0.275	0.276	0.268	0.291	0.291	0.376	0.138
广东	0.404	0.412	0.458	0.465	0.466	0.480	0.486	0.406	0.438	0.434	0.428	0.433	0.441	0.442	0.513	0.277
广西	0.143	0.142	0.143	0.149	0.152	0.143	0.156	0.137	0.186	0.199	0.200	0.197	0.218	0.229	0.321	0.098
海南	0.199	0.208	0.231	0.216	0.214	0.252	0.259	0.219	0.278	0.270	0.272	0.240	0.257	0.280	0.348	0.105
重庆	0.187	0.198	0.211	0.236	0.213	0.222	0.267	0.223	0.285	0.301	0.310	0.302	0.321	0.338	0.373	0.200
四川	0.179	0.183	0.195	0.191	0.187	0.182	0.215	0.209	0.248	0.248	0.255	0.257	0.264	0.274	0.358	0.122
贵州	0.103	0.102	0.100	0.112	0.100	0.118	0.149	0.119	0.166	0.195	0.200	0.180	0.208	0.227	0.328	0.123
云南	0.144	0.148	0.160	0.156	0.146	0.144	0.158	0.133	0.178	0.171	0.185	0.181	0.189	0.197	0.295	0.102
西藏	0.219	0.221	0.235	0.230	0.198	0.205	0.207	0.196	0.221	0.209	0.224	0.232	0.239	0.264	0.339	0.086
陕西	0.210	0.215	0.232	0.224	0.240	0.241	0.274	0.241	0.288	0.298	0.304	0.297	0.307	0.302	0.389	0.155
甘肃	0.128	0.131	0.144	0.143	0.147	0.154	0.164	0.143	0.188	0.181	0.184	0.183	0.195	0.192	0.308	0.085
青海	0.161	0.166	0.160	0.146	0.133	0.149	0.166	0.119	0.177	0.108	0.107	0.101	0.110	0.107	0.091	0.311
宁夏	0.141	0.159	0.156	0.126	0.135	0.134	0.172	0.142	0.134	0.186	0.196	0.188	0.196	0.208	0.320	0.155
新疆	0.189	0.199	0.200	0.194	0.194	0.204	0.214	0.167	0.215	0.222	0.215	0.200	0.208	0.209	0.302	0.110

附表 7　　2007~2017 年浙江省区域内协调发展能力评价结果

地区	2007 年	2008 年	2009 年	2010 年	2011 年	2012 年	2013 年	2014 年	2015 年	2016 年	2017 年
杭州市	0.823	0.785	0.891	0.893	0.856	0.830	0.824	0.806	0.846	0.783	0.675
宁波市	0.611	0.682	0.604	0.652	0.673	0.636	0.615	0.608	0.621	0.560	0.592
温州市	0.363	0.363	0.303	0.326	0.301	0.319	0.376	0.406	0.440	0.343	0.415
嘉兴市	0.440	0.561	0.501	0.529	0.486	0.495	0.472	0.466	0.503	0.449	0.501
湖州市	0.405	0.500	0.459	0.448	0.430	0.386	0.333	0.332	0.390	0.349	0.414
绍兴市	0.459	0.532	0.465	0.461	0.436	0.431	0.362	0.351	0.452	0.384	0.461
金华市	0.412	0.469	0.400	0.413	0.387	0.381	0.323	0.306	0.353	0.281	0.336
衢州市	0.320	0.368	0.322	0.318	0.294	0.299	0.209	0.202	0.277	0.223	0.279
舟山市	0.358	0.470	0.406	0.351	0.387	0.343	0.261	0.332	0.274	0.310	0.391
台州市	0.359	0.414	0.329	0.352	0.327	0.307	0.319	0.250	0.329	0.244	0.289
丽水市	0.316	0.407	0.303	0.308	0.309	0.300	0.236	0.196	0.301	0.209	0.249

附表 8　　2007~2017 年云南省区域内协调发展能力评价结果

地区	2007 年	2008 年	2009 年	2010 年	2011 年	2012 年	2013 年	2014 年	2015 年	2016 年	2017 年
昆明市	0.922	0.916	0.882	0.759	0.820	0.805	0.891	0.717	0.756	0.790	0.803
曲靖市	0.418	0.386	0.416	0.316	0.462	0.431	0.614	0.430	0.414	0.445	0.489
玉溪市	0.573	0.505	0.553	0.694	0.685	0.655	0.763	0.689	0.666	0.630	0.659
保山市	0.357	0.313	0.365	0.362	0.434	0.421	0.571	0.457	0.485	0.496	0.417
昭通市	0.221	0.151	0.198	0.198	0.215	0.236	0.472	0.297	0.282	0.280	0.382

续表

地区	2007年	2008年	2009年	2010年	2011年	2012年	2013年	2014年	2015年	2016年	2017年
丽江市	0.283	0.251	0.303	0.279	0.371	0.359	0.563	0.336	0.324	0.335	0.348
普洱市	0.358	0.247	0.295	0.293	0.360	0.342	0.532	0.395	0.397	0.433	0.440
临沧市	0.331	0.222	0.273	0.289	0.351	0.339	0.509	0.375	0.375	0.383	0.379
楚雄州	0.521	0.361	0.401	0.437	0.451	0.406	0.593	0.452	0.478	0.508	0.446
红河州	0.376	0.298	0.322	0.368	0.409	0.401	0.578	0.475	0.456	0.460	0.446
文山州	0.407	0.250	0.292	0.318	0.329	0.315	0.515	0.365	0.379	0.402	0.405
西双版纳州	0.237	0.204	0.249	0.231	0.370	0.352	0.504	0.353	0.360	0.340	0.280
大理州	0.320	0.277	0.325	0.365	0.386	0.385	0.563	0.375	0.336	0.345	0.439
德宏州	0.345	0.261	0.334	0.370	0.418	0.376	0.553	0.436	0.420	0.440	0.455
怒江州	0.206	0.208	0.257	0.279	0.262	0.236	0.454	0.270	0.358	0.390	0.419
迪庆州	0.309	0.149	0.238	0.216	0.348	0.295	0.242	0.331	0.328	0.347	0.475

附表 9　2002～2017 年我国 31 个省区市土地财政规模

单位：亿元

省区市	2002年	2003年	2004年	2005年	2006年	2007年	2008年	2009年	2010年	2011年	2012年	2013年	2014年	2015年	2016年	2017年
北京	183.44	387.80	713.96	201.31	314.51	547.41	884.81	951.41	1649.14	1939.95	1052.35	2294.71	2597.12	2619.35	1562.24	1721.86
天津	39.38	226.97	442.08	157.27	212.33	434.63	471.93	684.33	997.54	950.14	740.15	1089.24	1118.00	920.76	1513.13	1573.83
河北	138.87	172.57	218.47	199.99	277.08	451.79	411.48	687.34	1265.64	1327.06	1433.83	2040.26	1532.61	1575.40	1812.97	1976.26
山西	36.14	55.48	59.04	64.56	76.61	129.74	173.00	217.54	320.45	439.31	518.81	773.50	615.09	415.68	562.59	616.74
内蒙古	20.53	29.06	47.72	76.90	93.52	210.13	195.02	323.81	631.03	784.31	784.88	848.68	792.57	715.25	752.14	529.07
辽宁	144.04	229.90	334.11	353.05	489.85	876.43	827.28	1256.19	2397.61	3810.57	2695.10	2955.35	1996.79	1039.33	934.61	1001.91

省区市	2002年	2003年	2004年	2005年	2006年	2007年	2008年	2009年	2010年	2011年	2012年	2013年	2014年	2015年	2016年	2017年
吉林	30.81	49.74	59.53	78.83	126.24	161.04	170.19	221.24	493.63	692.43	658.41	723.94	603.75	451.10	506.21	509.29
黑龙江	31.96	57.87	69.72	68.86	91.63	132.13	155.58	265.10	462.23	728.05	521.82	669.78	710.87	440.16	419.90	498.20
上海	190.22	387.25	621.71	565.01	546.45	599.31	817.53	1294.00	1252.34	1414.88	1117.14	1638.91	2115.99	2301.62	2440.13	2849.00
江苏	510.17	1043.50	794.84	1169.95	1410.69	1837.93	1744.42	3185.63	4572.54	5460.61	4907.18	7303.69	5716.82	5919.32	7627.94	8259.37
浙江	522.23	1260.27	986.97	940.58	1171.34	1905.35	1329.78	2917.78	4158.22	3652.55	2669.07	4861.13	3148.50	2779.91	4559.43	4960.37
安徽	82.53	196.63	258.32	254.36	364.34	558.32	557.23	748.88	1314.78	1486.77	1596.84	2686.08	2280.88	2003.29	2958.38	3256.34
福建	123.91	196.36	242.25	288.27	583.75	808.93	366.36	810.49	1354.50	1410.79	1338.21	2019.31	1559.13	1636.15	1857.82	2144.36
江西	68.96	100.88	146.35	179.87	210.24	240.50	290.77	396.99	759.57	956.09	1030.36	1666.52	1403.57	1443.37	1392.29	1459.33
山东	226.46	474.03	558.24	658.39	904.59	1124.09	1211.78	2043.42	3087.70	3209.11	3401.74	4507.67	3930.92	3229.38	3775.01	4264.26
河南	51.59	96.98	152.77	174.75	271.51	339.90	473.08	550.61	899.83	1251.83	1461.75	2007.35	1964.18	1760.05	2232.79	2636.69
湖北	67.80	163.09	228.27	199.95	317.11	435.15	408.59	466.31	947.48	1351.56	1289.21	2033.74	1782.59	2044.99	2004.44	2543.64
湖南	101.23	137.45	212.33	198.72	218.86	380.72	333.52	311.06	674.87	1068.19	1051.74	1528.30	1409.47	1397.58	1508.41	1998.80
广东	229.82	332.00	382.63	536.68	835.14	1442.54	1075.55	1847.21	2041.57	2203.30	2552.19	4452.88	4428.85	4454.19	5041.07	5494.21
广西	42.56	82.46	151.42	116.80	165.94	257.22	204.40	320.89	540.31	633.68	738.94	901.54	926.03	923.82	1015.54	1029.67
海南	11.44	12.14	15.17	36.59	33.19	71.55	160.31	166.15	258.09	255.48	329.90	6941.21	320.94	381.33	425.59	473.57
重庆	38.44	101.14	172.85	189.23	280.47	415.51	301.08	471.27	880.16	1188.72	1462.35	2028.42	1698.55	1887.63	1532.31	1883.20
四川	88.36	284.08	400.81	448.26	542.12	944.96	605.89	872.11	1358.82	1448.90	1753.63	1146.7	2151.90	754.36	1944.40	2282.86
贵州	18.37	28.55	38.23	46.13	90.63	102.62	110.71	118.80	253.27	410.54	698.42	968.78	956.49	897.85	891.05	959.21
云南	29.29	85.50	91.49	93.78	122.02	135.29	259.12	314.64	549.95	1135.77	971.67	1140.53	694.57	522.82	610.27	649.57
西藏	0.62	0.73	1.94	4.69	6.02	3.89	8.14	1.63	6.95	7.89	6.99	9.15	18.23	12.67	34.18	33.97
陕西	27.58	56.51	129.25	86.73	142.94	231.71	208.28	239.36	358.30	392.76	712.64	926.97	849.58	658.47	670.49	720.29

续表

省区市	2002年	2003年	2004年	2005年	2006年	2007年	2008年	2009年	2010年	2011年	2012年	2013年	2014年	2015年	2016年	2017年
甘肃	11.58	17.66	22.84	27.21	58.31	50.12	69.23	80.16	159.20	320.87	169.37	294.12	261.38	314.16	312.50	341.90
青海	3.68	3.09	7.16	5.28	4.56	4.07	7.70	52.22	53.32	66.94	54.64	86.10	97.63	62.87	59.46	61.90
宁夏	4.08	18.65	23.09	17.43	25.46	57.43	40.81	76.26	107.52	150.87	127.19	215.64	141.93	141.00	133.92	146.58
新疆	16.93	33.64	39.82	35.02	52.13	81.67	86.01	99.04	187.81	204.63	323.80	454.87	371.41	353.24	388.22	404.90

附表 10　2007～2017年浙江省土地财政规模

单位：亿元

地区	2007年	2008年	2009年	2010年	2011年	2012年	2013年	2014年	2015年	2016年	2017年
杭州市	518.63	266.75	1069.94	1025.21	729.47	729.47	1431.37	748.92	632.36	1260.18	2260.18
宁波市	225.44	172.58	488.46	692.82	478.64	478.64	731.11	335.39	295.54	769.03	869.03
温州市	157.45	110.99	125.37	305.66	475.81	475.81	513.02	281.59	332.70	398.80	498.80
嘉兴市	123.00	92.78	190.39	298.71	239.07	239.07	248.76	206.45	128.41	414.10	514.10
湖州市	82.48	72.33	106.06	161.25	161.63	161.63	144.08	173.51	80.61	110.02	210.02
绍兴市	225.17	93.78	158.79	282.96	262.54	262.54	323.23	172.96	177.33	213.73	313.73
金华市	108.13	78.46	111.13	303.36	335.66	335.66	230.64	166.10	114.75	156.90	256.90
衢州市	24.50	16.89	45.30	82.27	60.20	60.20	57.46	51.10	28.21	70.04	80.04
舟山市	46.11	23.47	59.09	142.01	83.98	83.98	60.93	40.90	19.33	30.31	40.31
台州市	108.08	87.65	148.54	279.25	137.51	137.51	303.52	104.77	110.91	141.87	241.87
丽水市	60.47	18.19	43.18	66.52	69.76	69.76	81.03	51.29	30.88	54.03	64.03

附表 11

2007～2017 年云南省土地财政规模

单位：亿元

地区	2007 年	2008 年	2009 年	2010 年	2011 年	2012 年	2013 年	2014 年	2015 年	2016 年	2017 年
昆明市	29.40	102.56	91.09	248.00	722.64	722.64	549.26	212.61	132.61	217.79	317.79
曲靖市	16.39	13.09	37.84	28.20	42.41	42.41	38.56	28.48	9.45	9.15	9.95
玉溪市	7.22	16.15	20.25	24.54	28.61	28.61	22.18	17.63	19.22	22.77	28.77
保山市	7.84	5.78	7.88	16.64	14.49	14.49	27.31	25.70	11.11	13.42	19.42
昭通市	2.06	2.91	2.80	15.19	16.97	16.97	11.28	15.70	3.31	12.59	19.59
丽江市	1.17	0.03	2.17	1.99	6.79	6.79	14.01	9.19	3.99	4.67	4.97
普洱市	2.42	4.29	6.61	9.30	11.88	11.88	21.71	15.96	8.45	6.90	7.90
临沧市	0.65	1.27	4.24	3.18	2.29	2.29	14.24	7.78	4.78	2.41	3.41
楚雄州	7.27	5.01	10.48	10.12	24.71	24.71	28.77	13.61	12.11	13.27	19.27
红河州	10.17	13.72	17.08	37.13	28.73	28.73	55.96	38.10	33.71	26.51	30.51
文山州	8.48	20.87	13.95	5.18	6.45	6.45	24.11	21.97	11.98	19.39	27.39
西双版纳州	0.61	4.11	7.02	8.23	19.51	19.51	27.13	21.35	6.12	8.35	9.35
大理州	9.19	1.88	12.51	24.56	33.86	33.86	42.51	32.34	14.88	19.87	27.87
德宏州	0.92	3.17	3.96	5.23	9.31	9.31	14.17	13.64	9.06	7.94	8.94
怒江州	0.38	1.15	0.74	0.67	1.89	1.89	1.01	0.61	0.49	0.34	0.44
迪庆州	0.03	0.00	0.28	0.62	3.65	4.33	6.87	1.20	1.03	0.34	0.54

后 记

本书完成之际，在此衷心感谢我的导师——钟昌标教授对我的谆谆教导，以及对我在生活、工作、学习、研究等各方面的无私帮助与指导。钟老师扎实的工作作风，严谨的治学态度潜移默化地激励着我，并时刻鞭策着我不断努力与进步，将使我终生难忘。同时，感谢我的硕士生导师——杨子生教授对我生活和学习的关心，给我机会参加他主持的各项课题，在课题完成过程中不断使自己茁壮成长，勇于面对艰难困苦，也为本书的形成提供了鲜活的现实素材，也要感谢区域协同创新中心的刘伟老师与王玲玲老师等，感谢你们传授我知识及对本书出版的指导，在此向你们致以最诚挚的感谢。

感谢马超师兄给我的悉心指导，给了本书写作懵懂之时的方向与激励。同时，也感谢李冲师兄、田荟和陈林雄等师弟师妹们的无私帮助，在本书撰写过程中他们帮助我解决了很多困惑，希望我们以后能够继续合作，共同进步。

在这里我还要感谢我的妻子，正是有你在生活上和工作上给予我帮助和启迪，给了我战胜困难的勇气和决心，最终顺利完成了本书！

感谢父母对我工作的大力支持，感谢你们对我的包容与关怀。

最后，感谢经济科学出版社的辛勤付出。